活在當下，才能真正放下

全新修訂本

放下負面想法，
才是活在當下的最好方法

喬瑟夫・坎伯曾說：「現代人之所以不快樂，是因為內心充斥著虛幻的想像，一味活在過去和未來，卻不願意活在當下！」

的確，我們總是沉湎於過去，憧憬著未來，不願意睜開眼睛面對真實的人生，才會讓自己活得痛苦萬分。

過去已經過去了，未來只能預期，人必須放下不切實際的幻想，坦然面對此時此刻，才能擁有自在快活的人生。

出 版 序 　　　　　　　　　　　　　　　　　●千江月

選擇放下，才能活在當下

只要我們懂得欣賞自己的人生，
抱著樂觀進取的生活態度，
即使吹出來的泡沫大小不一，
小泡泡裡的彩虹都會一樣美麗。

　　頂級風水師紅塵寫的暢銷小說《華爾街風水師》裡有段話說：「吉和凶、好和不好，都是相對存在的，如果我們不明白這個道理，就會一輩子陷於不現實的尋找中，會迷失了活著的意義。」

　　現代人之所以活得不快樂，不單單是經濟因素，更關鍵的原因正是「陷於不現實的尋找中」，內心充斥著對幸福的虛幻想像，一味活在過去和未來，不願意活在當下！

　　我們總是沉湎於過去，憧憬著未來，不願意睜開眼睛面對真實的人生，才會讓自己活得痛苦萬分。過去已經過去了，未來只能預期，人必須放下不切實際的幻想，坦然面對此時此刻，如此就算外在環境再怎麼糟糕，也能擁有自在快活的人生。

　　幸不幸福，是心靈與生活的光合作用，而不在於獲得或失去什麼。生活不會因為成長的背景不同，或是上帝賦予的使命不同，而讓生命有不同的價值落差，因為，真正能賦予我們價值的人，只有我們自己。

波紀兒是一個重度弱視的女孩，她累積了五十多年的人生經驗，寫下了《我希望能看見》一書，與大家分享她的人生觀。

書中，她寫著：「我只有一隻眼睛，眼睛上還滿是疤痕，我只能透過眼睛左側的一個小洞，去看我想看見的世界。但是，我幾乎是看不見的，閱讀時，我必須將書幾乎貼在臉上才能看見。」

一些人因為身體殘缺，經常期待別人憐憫與幫助，波紀兒卻非常排斥這個想法，她一點也不願意人們的幫忙。她說：「我是個正常的人，請你們以正常的眼光看我！」

小時候，她想跟其他小孩一起玩跳房子，可是她看不見地上畫的線。於是，她靜靜地等其他孩子們回家後，一個人趴在地上，把「房子」的線條記得清清楚楚。直到下一次，她就可以輕鬆自在地跳格子了。

好勝心強的她，也真的一如「常人」般努力向學，甚至表現得比任何人都要優秀。她不僅拿到明尼蘇達州立大學的學士學位，後來更在哥倫比亞大學拿到了碩士學位。

不久，她開始擔任教職，同時也參與婦女俱樂部，並經常在俱樂部裡發表演說。她的生活觀受到人們的認同與支持，還被邀請到電台主持節目，與更多的人分享她的樂觀人生。

不過，在這個樂觀的背後，居然還藏著一個不為人知的秘密，書中她這麼寫著：「在這個階段裡，我的腦海深處經常懷著一種恐懼，其實，我是很害怕完全失明的。還好，為了克服這個恐懼，我學會詼諧的人生態度，日子也過得相當快活！」

也許是上天心疼波紀兒，就在她五十二歲那天發生了一個奇蹟。在動完一個小手術之後，她居然「完全」看見了。

　　她在書中說：「那是一種新生，美麗的世界給了我全新的開始。你知道嗎？當我『第一次』看見水槽裡的泡沫時，心情快樂得飛了起來。每當我的手一伸進水中，抓起一把又一把的泡沫時，我都會把它們迎向陽光，因為那實在美極了。而且我還看見在每一個泡沫裡，都有一道美麗彩虹呢！」

　　哲學大師伊比鳩魯曾經寫道：「人不是被事情本身困住，而是被自己對事情所抱持的看法困擾。」

　　的確，很多人的生活之所以無法過得快樂，往往是因為心中的偏執作祟，無法放下自己對諸多人、事、物的主觀認知所致。

　　只要懂得放下心中那些纏繞自己的偏見、成見，我們就可以讓自己過著以前從來沒擁有過的「智」在快樂生活。

　　從許多堅強的殘障朋友身上，我們總是能看見生命的無限可能，與動人的生命樂章；反觀，許多看似身體健全的人，卻好像老是期待自己是個殘缺的人，好獲得人們的同情與特殊待遇。因為認識生命的程度不同，也因為人生定義的標準不同，我們的人生才會有這麼大的不同，甚至是落差。

　　懂得為何而生活的波紀兒曾說：「不管我們如何出現，也不管成長背景有多麼不同，我們只需知道：對生命來說，我們一樣都是人。」

　　生活是內心活動的真實投射，幸福的秘訣就是隨遇而安，減輕無謂的心理負擔，不在自己的心靈套上枷鎖。只要我們懂得欣賞自己的人生，懂得珍惜自己，抱著樂觀進取的生活態度，即使吹出來的泡沫大小不一，小泡泡裡的彩虹都會一樣美麗。

改變想法，就能改變事情的方向

PART 1

恐懼對事情一點幫助也沒有，
只會替自己增添苦惱；
克服恐懼的方法，
是努力強迫自己朝好的方向去思考。

以平靜的心境面對困境

PART 2

真正令人不舒服的，其實不是疼痛本身，
而是人們對疼痛的解讀。
幸運與否，其實不在於人的際遇，
而在於人自己的心境。

改變心境，走出生命的困境

PART 3

如果你擁有健康的身體，
那麼請你好好珍惜與愛護；
若你正為病痛所苦，就要勇敢面對考驗，
努力活出上天賜予的生命。

你可以選擇走向不同的人生道路

PART 4

德國思想家歌德在《感想集》裡寫道：
「能把自己生命的終點和起點連接起來的人，
是最幸福的人。」

換個角度，就會更加突出

PART 5

樂觀的人，可以在每個憂患中看到機會；
但悲觀的人，卻只能在每個機會中只看到憂患。

充滿希望，才能達成願望

PART 6

想要成功，絕對不是空想就能實現的，
靠著機巧只求不勞而獲，
得到的也只是短暫的，
甚至會付出更慘重的代價。

7 何不換個心境面對人生？

PART 7

海倫・凱勒曾說：

「如果一個人從他的庇蔭所被驅逐出來，

他就會去造一所塵世的風雨所不能摧殘的屋宇。」

8 別被影子打敗了

PART 8

所有緊張、恐懼的心理其實全都來自於自己的想像；

你覺得心神不寧，感到焦慮不安，

結果就真的有事發生了。

PART 9 沒有起步，就不會有進步

許多人拒絕進步，總是用盡各種藉口，
連「起步」的機會都沒有了，
更遑論「進步」？

PART 10 態度決定一個人的高度

要擁有正確的工作態度並不難，
只須多動腦想一想，
要求別人少一點，要求自己多一點，
並努力把每一件事都做到最好。

PART 11 看法會決定你的做法

皮爾博士在《人生的光明面》裡說：

「逆境會使人變得更加偉大，

也會使人變得十分渺小，

它從來不會讓人保持原來模樣。」

PART 12 換個角度，就能找到出路

只要換一種角度，把阻礙視為「墊腳石」，

自然可以順利超越障礙。

越早收拾好情緒，就能越早開始動身往上爬。

1.

改變想法，
就能改變事情的方向

恐懼對事情一點幫助也沒有，

只會替自己增添苦惱；

克服恐懼的方法，

是努力強迫自己朝好的方向去思考。

改變想法，就能改變事情的方向

恐懼對事情一點幫助也沒有，只會替自己增
添苦惱；克服恐懼的方法，是努力強迫自己
朝好的方向去思考。

未知、莫名、詭異的事物總是讓人心生畏懼，讓人失去原本應有的理智。就像塞萬提斯在《唐吉訶德》中所說的：「恐懼的一個效果就是教你感覺錯亂，感覺不到事物的真相。」

人們經常會因為錯誤的心理作用，把看不見的東西想得很可怕。這也是為什麼會有這麼多人恐懼黑夜的原因。

黑夜其實一點也不恐怖，但是因為在一片漆黑之中，我們看不清楚，所以我們總是把事情往最糟糕的方向想。

一名住在維吉尼亞州的電力工程師，有一天被通知到山區的電塔修理故障。

他一大早出發，開了八小時的車才抵達那座山，但是山上的岔路很多，繞了老半天，就是找不到那座電塔，不知不覺的，天色逐漸暗了下來，再一轉眼，已經完全變黑了。

山上的照明設備不佳，幾乎伸手不見五指，工程師安慰自

己不要急著找電塔，先找一個可以安身的地方，等天亮以後再說吧。

當他這麼決定以後，抬頭一望，竟然看見在月光照耀之下，不遠處的山頂上有個高高的十字架，正在黑暗中閃閃發光。

工程師立刻驅車往十字架的方向開去，等到靠近了，才發現那是一座荒廢的教堂，教堂裡面沒有燈光，就連門也是鎖著的，沒有辦法進去借宿。

不過，工程師還是把車子停在教堂旁邊，安心地睡了個好覺。可能是因為心理作用，他感覺彷彿上帝就在身邊，那一覺睡得又香又甜。

然而，到了早上，當他在一陣蟲鳴鳥叫聲中醒來的時候，簡直快要嚇呆了。

他的車子正停在一片墳墓中間，他昨晚所看見的十字架，原來是墳墓上的十字架，所謂的教堂門口，竟是公墓的大門。

哇，這真是太可怕了，還不趕快跑！

一直到工程師遠離那處墓地才想到，還好他昨天以為那片墳墓是教堂，如果他知道那是一片墳墓，就不可能安心睡覺了。

歌德曾經在某篇敘事詩中寫道：「恐懼和憂愁很容易侵蝕人心，我覺得它們比災難本身還更加可憎。」

恐懼的情緒一旦產生，便會讓人怯懦，對自己失去信心。

一個人如果想要活得心安，一定要常常往高的、光明的地方看；若是一直看著黑暗或低下的地方，很可能就會時時刻刻都寢食難安。

恐懼對事情一點幫助也沒有，只會替自己增添苦惱，唯一克服恐懼的方法，是努力強迫自己朝好的方向去思考。

當你覺得害怕憂慮的時候，就祈禱吧。

作家齊克果曾經這麼說：「祈禱不能改變上帝，但可以改變祈禱者本身。」

改變想法就能改變事情的發展方向，當你一心一意祈求你想要的結果，你自然就會忘卻那些不希望面對的事情。

只要不再胡思亂想，那麼，你的心裡想些什麼，最後就能得到些什麼。

你想過什麼日子，問題並不在於外在環境，而在於你的內在想法。如果你的想法是負面的，那麼即使置身天堂，你也會過著地獄般的生活；假如，你的想法是正面的，就算目前的日子難熬，依然可以笑著過天堂般的日子。

快樂，是自己的選擇

> 快樂其實是會傳染的。只要你表現出快樂的
> 樣子，身邊的人必定也能夠感受到你的快
> 樂，變得和你一樣快樂。

　　人們經常有的一個錯誤想法，就是「快樂是很不容易得到
的東西」，因為厭倦了不快樂，不少人到處尋找快樂，結果只
是讓自己更加不快樂。

　　對不快樂的人來說，快樂的確很不容易得到。

　　那是因為，有些人把「不快樂」視為一種堅持，或者把它
變成一種習慣，不管在任何情況之下，都已經先打定了主意要
不快樂，所以自然也看不見那些能夠令自己快樂的東西。

　　這是一個真實的故事。

　　美國加州有一位六歲的小女孩，有一天突然間收到了一名
陌生人給她的四萬美元現款。

　　這個陌生人是她的遠房親戚嗎？還是她不為人知的親生父
親？不，都不是。這個陌生人只是她無意中在路上遇見的一個
人，他們素昧平生，之後也不曾再見。

　　那麼，爲什麼這名陌生人要給她這麼一大筆錢呢？

　　小女孩努力回想，終於想起來。那一天，她在家門前玩耍，一個中年男人走過，她對他笑了笑，就這樣而已。

　　「那麼，當時對方有沒有說些什麼呢？」小女孩的家人繼續追問。

　　小女孩認眞地想了老半天，才說：「我記得那個人好像說了一句，『妳那天使般的笑容，化解了我多年的苦悶。』爸爸，什麼是苦悶啊？」

　　這件事被電視新聞報導出來以後，記者循線找到了那位送錢給小女孩的陌生人。原來，那個人是一名富翁，但是卻一直過得很不快樂。

　　因爲他心裡覺得鬱悶，所以臉上的表情也一直都非常冷酷。因爲他臉上的表情嚴肅，所以見了他的人也都不敢輕易對他露出微笑。

　　一直到遇見這個小女孩，她眞誠的笑容才讓他不由自主地感到溫暖，他已經很久沒有感受過那樣的感覺了。

　　他決定要好好的謝謝那位小女孩。四萬美元，正是他對那時候他擁有的感覺定出的價格！

　　古希臘哲學家伊比鳩魯的著作殘篇中留下這麼一句名言：「無限的和有限的時間都有同等的快樂，只要一個人以理性來衡量這種快樂。」

　　快不快樂，其實只是一種選擇。

　　現實生活中，有些人選擇不快樂，所以必須花錢買快樂；

有些人之所以活得很快樂，正是因為他們對快樂的要求沒有那麼高，只要一顆甜甜的糖果、一個關懷的眼神、一聲慰問、一抹微笑，就已經足夠令他們感到快樂。

更難得的是，這些人通常也具備了讓別人快樂的能力。

因為，快樂其實是會傳染的。只要你表現出快樂的樣子，身邊的人必定也能夠感受到你的快樂，變得和你一樣快樂。

快樂其實只是一種選擇，快樂的人看見別人的快樂，便能從中感受到更多的快樂；不快樂的人看見別人的快樂，卻只會聯想到自己有多麼悲慘。

作家羅柏曾經這麼說過：「天底下，只有想過和不想過的日子，並沒有好過和難過的日子。」

的確，如果是自己不想過的日子，再怎麼「好過」，你也會認為難過，但是，如果是自己想過的日子，再如何「難過」，你也會認為很充實。

如果你覺得自己的日子很難過，那麼，就必須問問自己到底想過什麼日子。只要把問題釐清，就算日子再怎麼難過，你也可以面帶微笑從容度過。

與其苦惱，不如動腦思考

何必為曾經遭遇的不幸憾恨？何必為眼前的
生活苦惱？我們該做的是動腦思考如何面對
現在，而不是用過去埋葬自己的未來。

我們經常有的一個錯誤想法，就是「我們應該要活得出色、
活得精采，才不虛此生」。正因為太刻意追求，大多數人的一
生便在苦惱中驛動。

人生旅程裡，絕大多數人都汲汲營營追求成功、幸福、圓
滿，但試問有多少人真的可以平平靜靜、無風無雨走完一生？

小李的隔壁搬來了一個七十多歲的老人。

聽說，這位老人一生的經歷相當坎坷，年輕時由於戰亂，
不幸失去了所有親人，後來又在空襲中丟了一條腿；好不容易
否極泰來，生活安定一點以後，他的妻子卻因病去世，留下一
個嗷嗷待哺的兒子給他。

他千辛萬苦栽培兒子上到大學，以為從此可以過得比較輕
鬆自在，但和他相依為命的兒子又喪生於一場車禍當中。

然而，遭遇這麼巨大的打擊，這名老人的臉上並沒有流露

出一絲怨天尤人的滄桑，相反的，顯得既慈祥又爽朗，看起來就和大家的祖父沒有兩樣。

終於有一天，小李忍不住好奇，開口請教老人說：「您受了那麼多的苦難和不幸，可是為什麼你看起來一點也不悲傷呢？」

老人聽了這話無言以對，過了好一會兒，才從地上拾起一片飄零的落葉，放到小李的手中。

「你看，它像什麼？」

那是一片枯黃的葉子，按照它的形狀和特徵來看，應該是白楊樹葉，可是，它到底像什麼呢？

「你覺得它的形狀像不像一顆心？」老人提示他。

沒錯，這片葉子的形狀的確很像一顆心。

小李的心頭微微一顫。

「你再看看它上頭有著些什麼？」

小李仔細地看了看，見到那片心形的葉子上有著許多大小不等的孔洞，密密麻麻，各式各樣，但是卻一點也不影響葉子的形狀。

這時，老人嘆了一口氣，緩緩地說：「這片葉子活著的時候雖然受蟲咬石擊，以致千瘡百孔，但是它並沒有凋零，依然按照自己的時間表，走完了它的一生。它之所以能享盡天年，完全是因為它對陽光、泥土、雨露充滿了熱情，對自己的生命充滿了熱愛，不管多苦，都堅持要活下去，相比之下，那些打擊又算得了什麼呢？」

作家塞爾曾經寫道：「你的態度決定日子難過的程度。」

很多時候，日子之所以難過，是因為我們受到週遭環境的影響。只要懂得用樂觀積極的態度去面對原本感到難捱的日子，或許就會恍然發現，再怎麼難過的日子，依然可以笑笑地過。

悲歡離合本是生命的自然定律，悲喜循環本是人生的規則。

大多數人的人生，都注定會是坑坑巴巴的，與其一廂情願地去追求那些不屬於自己的幸福快樂，不如勇敢接受生命的原貌，讓自己即使活得不夠精采出色，至少也能活出生命的甘苦悲歡。

那些辛酸點滴，未必會讓我們過得比別人好，但是卻會讓我們比別人對人生有更多更深刻的體會。

就算最終我們失去了所有，但至少，我們沒有白白走過這一遭。

何必為曾經遭遇的不幸心懷憾恨？何必為眼前的生活感到苦惱？我們該做的是用微笑代替苦惱，思考如何面對現在，而不是用過去埋葬自己的未來。

懂得向對手學習，才能超越自己

人生難免會遇上挫折，若一味怨天尤人，不思尋改善良方，放任現況膠著，其實只是離成功愈來愈遠。

獲得成功的途徑有很多，但是否採取正確的方法往往才是關鍵。學習他人長處可以少走點冤枉路，或許還可因此獲得一同砥礪的夥伴。

既然自己的方法無法讓你出類拔萃，那麼何不嘗試用別人的方法呢？

向對手學習，不是示弱的表現，而是一種虛心求教的美德。

有個人經過一座碼頭，看見岸邊有一群人在釣魚，便好奇地走近觀看，發現其中有一個釣桶滿滿都是魚。

那個釣桶是一名老頭的。只見那名老頭動作熟練地從水中拉起線，摘下釣勾上的魚，然後把魚丟到桶子裡，又把線拋回水裡。他的動作沒有一絲猶豫，俐落得像是知道魚一定會上鉤，所以一點也不會感到懷疑。

這個人環顧四周，發現不遠的地方還有七個人在釣魚。每

當老頭從水中拉上一條魚，他們就喃喃抱怨一番，憤憤不平地哀嘆爲什麼自己一無所獲。

這個人待在那裡看了半個小時，發現這期間老頭兒不斷地拉線、收線，把釣上來的魚扔進桶子裡，那七個人卻一條魚也沒有釣到，儘管他們只杵在離老頭不到十公尺遠的地方。

於是，他仔細觀察了一下老頭之所以百發百中的秘訣，注意到老頭其實也沒有天大的本事，只是在釣鉤上比別人多放一塊誘餌而已。

最令人感到不解的不是老頭的簡單智慧，而是他發現，旁邊的那一群人明明很容易就看見老頭用最簡單的方法獲得最大效益的，但是卻不願意學習，只會在一旁抱怨，天哪！這些人的心態真是讓人想不通！

遇到優秀的對手，心生嫉妒是很正常的。

很多人都有酸葡萄心理，明明心裡非常想取得和對手一樣的成績，表面卻仍擺出一副「哼，我才不想像他一樣」的模樣。說穿了，只是自欺欺人罷了。

人生難免會遇上挫折，應該把挫折化爲轉折。若一味怨天尤人，不思尋改善良方，放任現況陷入膠著，其實只是離成功愈來愈遠，到頭來吃虧的仍是自己。

向對手學習，或許不能超越對手，但至少可以幫助你超越從前的自己。

換一種方式看待人事物

曾經愛過的人、曾經付出過感情珍惜的東西，永遠都不會消失。只是，你必須要換一種方式去看，你必須要換一種心情去愛。

人們經常有的一個錯誤迷思，就是「看不見，就等於失去」，也因為如此，才常常為逝去的事物或無法挽回的事情苦惱不已。

事實上，人生無常，根本沒有什麼東西會永遠屬於我們，真正屬於我們的，其實只有回憶而已。

慧能小和尚最喜歡的小金魚死了，坐在寺廟的院子裡，悶悶不樂已經有好多天了。師父見狀，沒有多說什麼，只是帶著他走出寺門。

寺門外，風景秀麗。師父找了一塊石頭坐了下來，看著眼前清新的綠芽，斜飛的小鳥，涓流的小河，然後安詳地閉上眼睛打坐，心中空無一物。

小和尚看得有些納悶，不知師父帶他來這裡有什麼用意。

過了中午，師父站了起來，依然不發一語，只是打了一個

手勢，示意小和尚跟他回去。

來到寺院門口，師父先跨了進去，然後突然轉身關上兩扇木門，把小和尚關在門外。小和尚不明白師父的意思，獨自坐在門外，心裡感到又疑惑又害怕。

不久，天色慢慢暗了下來，眼前的景色漸漸朦朧。

一直到天色完全黑了，師父才打開寺門，問他說：「外邊怎麼樣了呢？」

「外面已經全黑了。」小和尚回答。

師父接著問：「除了黑之外，還有什麼嗎？」

「什麼也沒有了。」小和尚又回答。

「不，怎麼會什麼都沒有呢？外邊還有清風、綠草、鮮花、小鳥，一切都還在，只是你的眼睛暫時被黑夜籠罩住罷了。」

小和尚這才豁然開朗，幾天來掩蓋在心頭的陰霾一掃而空。

很多人為了失去親人、遺失心愛的東西感到悲傷，甚至悲痛萬分。這種情緒在所難免，但悲傷並不能改變事實，若是持續了很長一段時間仍無法平復，那麼所流的就都是一些不必要的眼淚。

當你睜開眼睛的時候，你看不見，你就以為自己失去了一切。但若你願意靜下心來，閉上眼睛，你便會發現，你心愛的人、心愛的東西又再次回到你眼前。

回憶還在，你依舊還看得見。曾經愛過的人、曾經付出過感情珍惜的東西，永遠都不會消失。只是，你必須要換一種方式去看，你必須要換一種心情去愛。

發揮自己的專才，讓生命更精采

 只要能夠在不同的人生階段中達成應該完成
的目標，人生就算不非常成功，也一定會十
分精采。

作家尼克芬斯曾說：「只要你認為自己做得到，你就可以
做到別人認為自己做不到的事情。」

不管你眼前的際遇如何，都不能小看自己；人生要活出精
采，就必須肯定自己的價值，發揮自己的專才。

往往一個人做得最好的事情，也會是他最喜歡做的事情。

每個人都應該要往自己感興趣的方向去發展，才能發揮自
己真正的才能與天賦。

但是，發展興趣不是恣意妄為、率性而行的事情，而是一
件目光長遠、循序漸進的長時間工程，絕非一蹴可幾。

被譽為美國科幻大師的作家艾薩克‧阿西莫夫，與人分享
他的成功經歷時，寫道：「我決定從化學方面取得哲學博士學
位，我做到了；我決定娶一位特別的女孩，我做到了；我決定
寫故事，我做到了；之後我決定寫小說，我做到了；再之後，

我又決定寫論述科學的書，我也做到了；最後，我決定要成為一位反映時代的作家，我確實成了這樣一個人。」

艾薩克‧阿西莫夫的字裡行間充滿自信，因為他的確擁有與他的自信相匹配的實力。

你或許沒有看過他的作品，但是你一定曾經聽過「知識就是力量」這句出自他口中的至理名言。

這位生物化學副教授曾經日以繼夜地在波士頓大學的實驗室裡工作，但是，他對打字機的喜愛卻多過於顯微鏡。

回憶往事時，他這麼說：「有一天，我突然明白，我絕不會成為一個第一流的科學家，但是我可能成為一個第一流的作家。所以我決定，我要專心去做我能夠做得最好的事情。」

打從那一天起，他以驚人的速度不停地寫作，不停地寫……，他的大腦和雙手一樣，幾乎沒有片刻停歇。

他從不休息，一星期有七天總是坐在堆滿了各種各書籍報刊的辦公桌旁，至少打上八小時的字，在他腦海中同時醞釀的創作題材從來不少於三個。他常常只花短短一個星期就寫出一部書，所以他成為了當代一位百科全書式的傑出作家，撼動了整個世界的文壇。

法國哲學家沙特曾經寫道：「如果我不盡力按照自己的意願去生存的話，我總覺得活著是很荒謬的事。」

的確，人必須勇敢做自己，印證自己有多大價值。只有真正能夠主宰自己生活的人，才能夠徹底發揮自己的專才，讓生命更加精采。

　　艾薩克‧阿西莫夫的成功模式其實很簡單，他在每個階段的人生中都為自己訂下一個目標，然後想辦法達成這個目標，並且依照自己在每個階段的表現，發掘自己的才能所在，認清自己能將什麼事情做得最好以後，在下個人生階段中全力以赴地去發展那項專長。

　　艾薩克‧阿西莫夫的成功，有很大一部分其實是建立在他對自己的了解夠多，知道自己在什麼事情上可以做得很好，也設法將它做到最好。

　　想要像阿西莫一樣成功，我們應該先做好自己在這個階段該做的事，然後才在下一個階段專心發展自己的興趣。

　　只要能夠在不同的人生階段中達成應該完成的目標，人生就算不非常成功，也一定會十分精采。

不動腦思考，當然就做不到

人生的道路上，有很多事情是我們一輩子也沒辦法完成的。但做不到，不代表我們不能動腦思考，不代表我們不能動手嘗試。

遇到棘手的事，許多人還沒開始動手，就告訴自己：「這些事情，我一定做不到。」

大部分有這種想法的人，的確有很多事情是他們做不到的。

然而，真正阻礙他們的，不是他們本身的能力不足，而是他們未戰先降的這種壞習慣。他們不讓自己有失敗的機會，因此也斷絕了自己成功的可能。

這一天，屋外颳起了這一年最強大的一場風雪。

教室裡的每個人都在喊冷，大家的思緒都已經凍結成了冰，根本沒有辦法靜下心來讀書。

講台上的布魯斯老師上課上到一半，看見大家心不在焉的樣子，一反常態，神情嚴肅地放下書本，對著學生們說：「大家把書本收起來吧，我們一塊兒到操場上去。」

不會吧！外面這麼冷，到操場上去幹什麼？布魯斯老師接

著解釋說：「我們要到操場上去立正五分鐘。」

　　但是，這個回答並沒有解除同學們的疑惑。所有人仍舊呆坐在位置上不肯移動，一直到布魯斯祭出了「不肯去操場的人，就永遠別再上我的課」這道恐嚇令，大多數的同學才施施然地往操場走去。

　　空曠的操場上，漫天飛舞的雪粒簡直吹得人睜不開眼睛。風雪襲來，就像是刀子刮在臉上一般，厚實的衣服也隔絕不了屋外的低氣壓，裹著厚襪子的雙腳更早已被凍得失去了知覺。

　　布魯斯先生沒有多說什麼，只是帶領同學來到操場。接著，面對著學生，脫下身上保暖的羽絨衣。

　　他繼續想要脫下身上的毛衣，但是才脫到一半，風雪已經把整件毛衣吹走。

　　布魯斯先生的身上只剩下一件單薄的襯衫，雖然蒼白著嘴唇，但仍堅定地對學生說：「大家到操場中央站好。」

　　誰也不敢吭聲，大夥兒著實在操場上立正站好五分鐘。

　　五分鐘後，大夥兒回到了教室，布魯斯先生對著大家說：「之前在教室時，我們都覺得自己一定忍受不了屋外的風雪，然而，真正站到外面以後，你們會發現，就算叫你們站上半小時，你們也能夠做到，就算叫你們只穿一件襯衫，你們也可以頂得住。這就像我們面對困難的時候，很多人都把困難看得很大，但是當你實際走出去和困難搏鬥時，你就會發現，想像中再大的困難也不過如此而已……」

　　成功學大師卡耐基曾經說過：「人在身處困境時，適應環

境的能力，通常比在順境時更為驚人。」

人能不能適應環境，能不能解決難題，完全在於願不願意勇敢面對。

的確，人生的道路上，有很多事情是我們一輩子也沒辦法完成的。但是，做不到，不代表我們不能動腦思考，不代表我們不能動手嘗試。

即使做不到，我們也應該試著去做做看。也許最後的結果會是失敗的，但至少，我們可以大聲地說：「我曾經做過！」

「有些事情，我一定做不到。」這樣的念頭，每個人都會有。只是，失敗的人容許自己接受這樣的藉口，成功的人卻在放棄之前，對自己多說了一句：「沒試過，又怎麼知道自己做不到呢？」

一味逃避，不如嘗試處理危機

逃避只會讓問題越滾越大，而且越來越靠近。與其一味地逃避，倒不如沉著冷靜地面對，問題雖然有些棘手，但終究還是有辦法可以解決。

　　作家魯拉索曾說：「一個不懂得動腦思考的人，通常會將一丁點讓自己苦惱的事，當成世界末日。」

　　的確，我們往往會將只要自己動腦就能解決的苦惱之事，當成好像天就快塌下來的「大事」來面對，殊不知，很多讓自己苦惱的事，就是因為自己懶得動腦解決，才會在自己的心中越長越大，衍生出各種負面想法。

　　正因為如此，我們經常會出現一個錯誤反射動作，就是遇到危險的時候，大腦就失去思考能力，只知道趕快逃跑。

　　但是，逃跑不一定是對的。

　　倘若你逃跑的速度不夠快，或是你跑的方向不正確，那就很可能只會讓自己陷入更大的危機之中。

　　據說，鯊魚的攻擊性非常強，只要在海裡被鯊魚發現，很少人能夠死裡逃生。

奇怪的是，一名海洋生物學家羅福特研究鯊魚多年，經常穿著潛水衣游到鯊魚的身邊，和鯊魚近距離接觸，但是鯊魚好像一點也不介意他的存在，從來不曾向他伸出魔爪。

對此，羅福特解釋說：「鯊魚其實並不可怕。可怕的是人一見到鯊魚，自己就已經先害怕了。」

羅福特進一步說，人遇到鯊魚時，往往都會緊張得心跳加速，正是那快速跳動的心臟，引起了鯊魚的注意；大家不知道的是，鯊魚的感應方式和人類不同，牠們靠的不是眼睛，而是透過快速跳動的心臟在水中產生的感應波，發現獵物所在的位置。

只要人們能夠在鯊魚面前保持心情坦然，毫不驚慌，那麼鯊魚就不會對你構成任何威脅。就算牠不小心碰觸到了你的身體，只要你不緊張、不反擊，牠也不會攻擊你，只會從你身邊緩緩游走，往另一個方向尋找牠的獵物。

相反的，如果你一見到鯊魚就轉身想要快點逃命，那麼你就真的註定要進到鯊魚的肚子裡去。

普勞圖斯曾說：「泰然自若是應付困境的最好辦法。」

其實，人身處困境時，適應環境的能力最為驚人，因此身處困境的時候，更應該保持冷靜，從容面對不利自己的情勢，如此才能突破原本僵困危急的局面，幫助自己度過難關。

遇到危險的時候，我們首先應該抱持的想法是——跑，真的有用嗎？

逃得掉的，當然就得快跑；若是已經來不及跑了，那就應

該冷靜下來，想想其他的解決辦法。

　　人應該擺怯懦畏縮的負面個性，鍛鍊出積極穩健的理智，用理智面對眼前的危急，而不是一味想要逃避。

　　遇到「鯊魚」的時候，千萬不要慌張，也別急著逃跑。

　　作家米朗曾經寫道：「讓自己苦惱的事，並不會因為你什麼事都不做，只想躲避，就會自動消失不見。」

　　一味苦惱，並不能解決生活中的各種突如其來的危機，只會讓自己越活越懊惱。

　　與其充滿恐懼、煩憂地為了某些事苦惱，還不如利用這些苦惱的時間動腦，思考解決這些難題的方法。

　　人生許多問題都是如此，逃避只會讓問題越滾越大，而且越來越靠近。

　　與其一味地逃避，倒不如沉著冷靜地面對，你會發現，問題雖然有些棘手，但終究還是有辦法可以解決。

2.

以平靜的心境面對困境

真正令人不舒服的，其實不是疼痛本身，

而是人們對疼痛的解讀。

幸運與否，其實不在於人的際遇，

而在於人自己的心境。

無能為力是因為你還沒盡力

人們常常對現實環境感到無能為力，那只是因為
你還沒有找到可以使力的地方。只要你停止抱
怨，自然就會發現，自己能做的改變還有很多。

　　人們經常犯的一個錯誤，就是被環境限制，卻不願試著改
變環境，只會整天怨東怨西，怪景氣、怪政府、怪鄰居……，
怪一切可以怪的東西，然後大嘆自己無能為力。

　　事實上，所謂的「無能為力」，只不過是自己根本不想出
力，不想認真活在當下。

　　有個中年郵差，打從二十歲起，就每天往返同一條路，把
一封封重要的信件從這頭送到那頭的村莊裡。

　　二十年過去了，什麼都改變了，唯一不變的是從郵局到村
莊的那一條道路，還是一樣的單調，還是一樣的荒涼，觸目所
及，沒有一花一草，只有飛揚的塵土。

　　已經邁入中年的郵差，開始領略生命的可貴，每當他想到
自己剩餘的人生也必須騎著車子在這一條毫不美麗的小徑上度
過時，心中總不免感到有些悲哀。那麼，為什麼不想想辦法改

變這條道路呢？

　　於是，郵差自掏腰包買了一些花的種子，從那天開始，每當他行經這條道路時，就順手把這些種子撒在往來的路上。

　　一天、兩天、一星期、兩星期……，他持續不間斷地努力著。

　　幾個月以後，那個荒涼了二十多年的道路旁，竟然開了許多五顏六色的花朵，有的含苞待放，有的爭妍奪目，真是美不勝收。

　　村莊裡的人看了這番景緻，都說這份禮物比郵差二十多年來送達的任何一封信件都還要令他們開心。

　　最開心的是郵差本人，現在他每天必須經過的不再是一條佈滿塵土的荒涼道路，而是一條賞心悅目的美麗花街。上班對他而言，也不再是一份無聊的例行公事，而是一種悠然的自在享受。

　　費爾巴哈曾寫道：「理論不能解決的疑難問題，行動可以幫你解決。」

　　如果，你認為應該做的事，不論理論上可不可行，儘管放手去做，因為，不論做的好或不好，至少你已經往目標踏出第一步。

　　要改變大環境，確實不容易，但若從小地方著手，其實也不是那麼難。

　　如果你不能改變辦公室的低氣壓，那麼不妨從自己的辦公桌開始改變起。一盆鮮花、一張相片……，也許都可以改善你

上班時的心情。

　　如果你不能改變自己的位置，那麼起碼改變自己的姿勢，讓自己在這個位置上坐得比較舒適，這不是比抱怨更有益的方式嗎？

　　人們常常對現實環境感到無能為力，那只是因為你根本不想改變，或是還沒有找到可以使力的地方。

　　只要你停止抱怨，實事求是，你自然就會發現，或許自己能做的改變還有很多。

以平靜的心境面對困境

真正令人不舒服的，其實不是疼痛本身，而是人們對疼痛的解讀。幸運與否，其實不在於人的際遇，而在於人自己的心境。

人生最常見的苦惱就在於，我們為了避免讓自己痛苦，因此千方百計地想讓自己過得舒服。

然而，逃避痛苦只會自己更加痛苦，真正能夠讓自己舒服的方式不是避免疼痛，而是敞開心懷，去接受疼痛的感覺，心平氣和地與疼痛共存。

以「超人」一片聞名於世的克斯多弗‧里夫，在一九九五年的一次墜馬意外中受了傷，頸部以下全部癱瘓。

但是，他依然不肯認輸，經過一年的知覺訓練，脊椎末端的神經恢復了知覺。他說，只要輕輕碰它一下，就會出現疼痛的感覺，但是，這種疼痛的感覺令他覺得非常舒服。他補充說道：「請相信我說的全是真的。」

的確，疼痛是一種痛苦，但若這樣的疼痛可以帶給人希望，那又是多麼舒服的一種感受。

人類最可貴的一種智慧，便是將每一種現象賦予意義。

心理學家曾在一九九二年巴塞隆納奧運會田徑比賽場上做過一項研究。他們拍下了二十名銀牌獲獎者和十五名銅牌獲獎者的情緒反應，事後發現，在宣佈比賽結果的那一刻，「第三名」看上去比「第二名」更高興。

心理學家經過更進一步地分析，為這樣的現象提出了解釋。

他們認為，獲得銅牌的人通常不是期望值高的人，能夠獲得銅牌就已經很高興了。但是銀牌得主通常是衝著金牌而來的，雖然他們得到了銀牌，但總不免有些和金牌失之交臂的遺憾。亞軍得主往往會在心裡想：「真可惜，我差一點點就是冠軍了。」但是季軍得主卻會想說：「能夠站上領獎台，真是一種幸運，我差一點點就和名落孫山的第四名沒有兩樣。」

有人說，人生就是不斷選擇的歷程，抉擇決定了每個人的人生。如果抉擇是無可避免的，那麼當你遭遇痛苦、折磨，走在人生的十字路口，最應該做的一件事，無疑是平心靜氣地面對眼前的困境，從迷惘中找到全新的出路。

真正令人不舒服的，其實不是疼痛本身，而是人們對疼痛的解讀。如果你把痛苦當成是痛苦，那麼你當然會覺得痛苦萬分。但是，倘若你只當痛苦是一種不同於平時所感受到的其他感覺，也許你就可以體會到不同於你所認為痛苦的感受。

幸運與否，其實不在於人的際遇，而在於人自己的心境。

下一次當你感覺痛苦的時候，不妨這麼想——還好，你還有感覺，比起那些失去知覺的人，你的痛苦又算得了什麼呢？

少一分強迫也許會更添失落

成功無疑只是一連串強迫自己的結果。人在
被強迫的狀態下，往往都是痛苦的，但這些
痛苦也都是讓人成長的養分。

在難關面前，人們往往會產生兩種心態，其中一個是「我
做不到」，抱持這樣想法的人永遠不會成功；另一種心態是告
訴自己「我再試試看」，有著這想法的人，則往往會創造奇蹟！

其實，難關並不一定如想像中那麼困難，有時只要相信自
己就能創造奇蹟，獲得原本認為不可能得到的勝利。

美國有位知名的大學籃球教練，有一年接手擔任一個連輸
了十場比賽的大學球隊教練。

新教練第一天到任，就對所有隊員說：「過去不等於未來，
人生沒有失敗，有的只有暫時停止成功。不管過去大家的成績
如何，從今天起都是一個全新的開始。」

雖然教練一席話提升了球員的士氣，但是到了第十一場比
賽時，該隊再次落後了對手三十分。

中場休息時，每個球員都垂頭喪氣，一副大勢已去的樣子。

教練於是問他們：「你們要放棄嗎？」

球員的嘴巴雖然回答「不要」，可是失意的表情全寫在臉上。

教練看在眼裡，又繼續說：「各位，假如今天是籃球之神麥克‧喬丹，遇到連輸十場，在第十一場又落後三十分的情況，喬丹會放棄嗎？」

「不，他不會放棄！」球員異口同聲地回答。

教練再問：「那麼，假如今天是拳王阿里在場上比賽，被打得鼻青臉腫，但是在比賽終了的鈴聲還沒有響起、比賽還沒有結束的情況下，你們認為拳王阿里會不會選擇放棄？」

「當然不會！」球員們再次大聲地說。

「好，我再請問各位，換做是美國發明大王愛迪生來打籃球，遇到這種狀況，他會不會放棄？」

「不會！」這次球員們地回答更大聲了。

接著，教練繼續問：「那你們認為米勒會不會放棄呢？」

大夥兒聽到這裡，忽然沉默了下來。隨即有人舉手問道：「米勒是誰？怎麼連聽都沒聽過？」

「是啊，」教練笑了笑，詼諧地說：「你們當然沒有聽過米勒這個名字，因為米勒以前在比賽的時候選擇了放棄，所以從來就沒有人知道他是誰！」

英國政治家迪斯雷利曾說：「如果不知道自己想要什麼，就不會有機會，只有知道自己想要什麼，知道什麼才適合自己，才會看到機會。」

　　想要獲得成功，必須懂得激勵自己，繼而發揮自己的優勢，而不是動不動就選擇放棄，只會羨慕別人的成功。如果你不知道自己想要什麼，不知道自定位在哪裡，那麼即使機會從你面前走過，你也不懂得掌握。

　　自古以來成功靠強迫，成功無疑只是一連串強迫自己的結果。

　　沮喪的時候，我們強迫自己要振作起來；傷心的時候，我們強迫自己擦乾眼淚；想偷懶的時候，我們強迫自己不准怠惰；面對難題的時候，我們強迫自己多動腦；遇到挫折的時候，我們強迫自己向極限挑戰。

　　人在被強迫的狀態下，往往都是痛苦的，但這些痛苦也都是讓人成長的養分。

　　想要成功的人很多，但是真正成功的人並不光只是「想要」成功而已，他們不會光坐著唉聲嘆氣，會動腦想盡辦法「強迫」自己成功，所以他們都做到了自己原本做不到的事！

逆境是激發潛能的捷徑

人所面臨的困境，其實都是一種幸運，它們
告訴我們當處於順境的時候，應該要步步為
營，把握住每一個吸收養分的機會。

　　人們經常有的一個錯誤迷思，就是認為「不虞匱乏才是幸福」。

　　事實上，不知道什麼是「匱乏」，沒有親身經歷過「匱乏」的人，就永遠學不會「珍惜」，也不會成長。

　　古羅馬思想家塞涅卡曾說：「偉人在困境中得到的歡樂，就如同英勇的士兵從戰鬥勝利中獲得喜悅一樣。」

　　逆境能夠促進一個人勤勞奮發，能夠使一個人發憤圖強，自力更生，激發出自己尚未開發的潛能。

　　一家動物園裡，來了一個餵河馬的年輕飼養員。

　　年輕飼養員第一天到任，老飼養員就再三告誡他說，不要餵河馬過多的食物，不要怕牠餓著，以免牠長不大。

　　年輕飼養員聽了這話，感到十分不以為然，心想這是什麼謬論？他們的工作職責，不就是要確保每一隻河馬都能夠吃飽

嗎？豈有讓河馬餓著的道理？這分明是老飼養員自己想要偷懶，又擔心被人舉發，所以才編出來唬弄他的。

因此，年輕飼養員決定按照自己的意思行事，只要有空，就會不厭其煩地替他負責的河馬補充食物。他養的河馬每一隻都吃得又飽又胖，遊客們見了，都忍不住讚美一番。

然而，兩個月以後，年輕飼養員發現，他養的河馬真的沒有長大多少，反倒是老飼養員不怎麼餵的那一群河馬，卻長得飛快。

這究竟是為什麼呢？

可能是因為河馬本身的體質不同吧。

老飼養員沒有多說什麼，只是跟他交換來養。

不久，老飼養員的那批河馬，又超越了他餵養的那一群。年輕飼養員感到非常疑惑，終於忍不住開口向前輩請教。

這時，老飼養員才向他解釋箇中的玄機：「你餵的那群河馬，因為不缺食物，所以不把食物當一回事，他們是用嘴巴在吃，而不是用整個身體在吃，當然長不大。反倒是我養的河馬，因為長期處於食物缺乏的狀態下。因此，只要有吃的，牠們就會十分珍惜，用盡全身的力量去吸收食物中的養分，自然會長得又快又壯。所以說，不給牠們食物不是對牠們殘忍，只是要讓牠們學會珍惜。珍惜不只是一種正常的心理現象，更是一種激發潛力的捷徑。」

法國文豪巴爾札克曾說：「困境是天才的進身之階，信徒的洗腳之水，能人的無價之寶，弱者的無底深淵。」

　　人生面臨的困境，其實都是種幸運。只要從積極的層面思考就可以發現，逆境是強迫自己成長的途徑，只有逆境才能逼我們多動腦，透過各種嘗試激發自己的潛能；處於順境的時候，應該要步步為營，把握住每一個吸收養分的機會。

　　飢餓、貧窮、苦難……都是難得的鍛鍊，比起一輩子都不虞匱乏的人，漸入佳境、先無後有，更是一種得來不易的幸福。

誠實，是對人最好的測試

 一個誠實的人，即使能力再差也做不出什麼天大的壞事，但是一個不誠的人，就算能力再好，也絕對不會誠心誠意的為你辦事！

　　在現代社會中，我們越來越感覺不到誠實的重要，反倒是說謊、做假的人，往往比較能佔到便宜。

　　然而，這只是一時的假象，說謊做假或許可以獲得暫時的利益，但最終還是會被人唾棄。誠實或許不會為我們帶來什麼好處，但是，不誠實就一定會替我們帶來壞處。

　　一家大企業招聘高層人員，有一名年輕人通過重重關卡，成為十名複試者中的其中一個。

　　複試由總經理貝克先生主持。當那名年輕人走進總經理辦公室時，貝克先生馬上從椅子上站了起來，先是露出疑惑的神色說：「是你？你是……」

　　接著，他露出又驚又喜的表情，主動走上前去握住那位年輕人的手：「原來是你！你知道嗎？我找你找了很長時間了！」

　　說完，他激動地轉過身去，向其他幾名面試官說：「先生

們，容我向你們介紹一下，這位就是我女兒的救命恩人！」

還沒等那名年輕人反應，貝克先生又一個勁兒地說：「好幾年前，我和我女兒去划船的時候，我女兒不幸掉進了湖裡，當時，要不是這位年輕人見義勇爲，跳進湖裡把我的女兒救起來，我還真不敢想像會有什麼樣的下場。真抱歉，那時候我只顧著我女兒，還沒來得及向你說聲『謝謝』……。」

雖然很尷尬，但是年輕人還是抿了抿嘴唇，鼓起勇氣說：「很抱歉，我想您認錯人了，我以前從來沒有見過您，更沒救過您的女兒。」

可是，貝克先生卻絲毫聽不進年輕人的話，仍然很熱情地說：「我不可能認錯人！難道你忘記了？三年前的五月二日，就在黃石公園裡，我沒有弄錯，一定就是你！」

「不，貝克先生，我想您一定是弄錯了，」年輕人很肯定地說：「我沒有救過您的女兒，甚至根本沒有去過黃石公園。」

貝克先生看見年輕人堅定的態度，一時之間愣住了。

只是，他又忽然笑了起來，對年輕人說：「這位先生，我很欣賞你的誠實，歡迎你加入我們公司！」

年輕人順利得到了他夢寐以求的職位。

進入公司以後，有一次，年輕人好奇地問總經理秘書：「救貝克先生女兒的那個年輕人找到沒有？」

總經理秘書一時之間被問得說不出話來，等到反應過來時，立刻大聲笑了出來，回答說：「貝克先生的女兒？你知道嗎？有七名複試者就是因爲他『女兒』而被淘汰了！其實，貝克先生根本沒有女兒。」

　　當你不知道該用什麼標準去評價別人時，可以想想這個故事。

　　試問，如果一個人曾經騙過你，之後他說的話，你是否會感到懷疑？如果可以，你會不會刻意和他保持距離？

　　你敢把重要的事交給他做嗎？

　　你敢把秘密說給他聽嗎？

　　伴隨「不誠實」的，往往就是「不信任」。人與人之間一旦缺乏信任，就不可能再有自然而真誠的互動了。

　　置身在爾虞我詐的社會，當你不知道該用什麼標準評價別人，而苦惱不已時，只需要去評斷這個人是否誠實。

　　一個誠實的人，即使能力再差也做不出什麼天大的壞事，但是一個不誠實的人，就算能力再好，也絕對不會誠心誠意地為你辦事！

小心你的優點成為致命的缺點

俗話說，「聰明反被聰明誤」正是這個道
理。一個人的長處，通常也會是他的弱點。

人們經常有的一個錯誤迷思，就是以為「會傷害自己的，
一定自己以外的人」，正因為抱持著這種想法，事後才會為了
自己的輕忽懊悔不已。

事實上，朋友傷害你，必須要你自己先給他機會；敵人就
算傷害你，也終究是有距離、有限度的。真正能夠徹底摧毀一
個人的，往往是那個人本身。

鱷魚是世界上現存最大的爬行動物，性情非常兇猛。

一旦發現獵物，牠就會無聲無息地游過去，以迅雷不及掩
耳的速度將獵物殺死，動作快得令人難以想像。

鱷魚具有可以潛在水下一小時而不被淹死的本領，有助於
遇到體形龐大的獵物時，潛在水底與對手進行較長時間的搏鬥。

當鱷魚咬上獵物時，便會不顧獵物的掙扎，不停地在水裡
翻滾。很少動物經得起這樣激烈的翻滾，因此只要翻上幾圈或

幾十圈，就算再兇猛的動物，也會被折騰得奄奄一息。

鱷魚就靠著這項絕技，得到了天生獵手的稱號。

但是，這項絕技也是鱷魚的致命缺點。

美國鱷魚專家格林特姆研究鱷魚已經有四十多年的經驗，許多鱷魚的習性都經由他的長期探究而揭露於世人面前。

一天，他發現，有一條鱷魚竟然被湖邊的樹藤勒死了。這個發現引起了格林特姆極大的興趣。

經過一連串仔細推敲，他判斷這隻鱷魚是在捕食一隻鳥時，一口咬到了樹藤，但是鱷魚以為自己咬到的是鳥，拉扯不動獵物之後，使出了自己的看家本領，不停地在水中翻滾。

只是，牠越是翻滾，長長的樹藤就將牠纏得越緊，最後終於動彈不得，只得束手就擒。

格林特姆根據這個發現，發明了一種捕捉鱷魚的好方法。

他用一根穿著魚鉤的絲線來「釣」鱷魚，一旦鱷魚的表皮不小心被魚鉤勾住，便會根據面對敵人的經驗，使出自己的絕技，不停翻轉。

如此一來，牠整個身體很快就會被絲線纏得死死的。

再加上鱷魚皮是由好幾層纖維組成的，非常紮實，沒有辦法「金蟬脫殼」，只好任由人類利用牠自己的看家本領，輕易地將牠捉拿到手。

動物世界和人類社會每天都上演著優勝劣汰的殘酷競爭。或許，我們無法改變大環境，但至少可以不讓自己的優點變成致命的缺點。

　　一個人能否創造出一番成就,關鍵往往在於是否懂得用謹慎的態度,面對競爭激烈的人生戰場。

　　一個人越引以為傲的長處,通常也會是他致命的弱點。

　　舉個例子,本領越高強的人,越習慣動不動就施展自己的看家本領。至於他的對手,則未必要具備與他相當的武藝,只需要了解他的習慣與弱點,就等於掌握了他的死穴。

　　日本知名的「決鬥者」宮本武藏之所以能屢次擊敗強勁的對手,關鍵就在於決鬥之前徹底摸清對手的習慣和弱點。

　　或許可以這麼說,一個人最大的敵人通常不是別人,而是自己的習慣,格林特姆捕捉鱷魚的方法不正說明了這點?

　　一個人的本領或許能夠保護他,但是一個人的習慣卻往往足以出賣他,只要習慣被別人掌握就會任人宰割。

知足就是難得的幸福

知足就是幸福，一個人若是覺得不幸福，或許不是因為他真有多麼不幸，而是因為他要的東西實在太多。

人們經常有的一個苦惱是：「我還不夠成功，我還不夠有錢，我還不夠幸福」。

沒錯，成功和幸福是永無止盡的。滿分的成功幸福之上，還會有一百零一分的成功幸福，人往往為了追求這多出的一點點，而把自己搞得煩悶不堪。

汲汲營營於成功、幸福的人，千萬要記住托爾斯泰的話：「一味追求大的幸福，連小的幸福也會丟失。」

有個天使來到凡間，希望讓遇見他的人們都能感受到幸福的美好滋味。

一天，天使遇見了一個苦惱的農夫，農夫向天使訴苦說：「我家的牛剛死了，沒有牠幫忙犁田，我要怎麼耕作？怎麼生活呢？」

天使於是賜給農夫一頭健壯的水牛，農夫非常高興，覺得

自己真是世界上最幸福的人了。

後來，天使又遇見一個沮喪的生意人，生意人說：「我的錢被朋友騙光了，我沒有錢回家鄉。」

天使於是給了他一些錢當旅費，男人非常高興，覺得自己很幸福。

又一天，天使遇見一個畫家，這個畫家年輕英俊，才華洋溢，含著金湯匙出生，又有一個美麗的妻子，但是卻過得不快樂。

天使問他：「你不快樂嗎？有什麼是我能幫你的嗎？」

畫家說：「我什麼都有了，只欠一樣東西，你能給我嗎？」

「當然可以，不管你要什麼，我都可以給你。」

畫家望著天使的眼睛，無比哀傷地說：「我想要的是幸福。」

天使想了想，點點頭答應了他的要求。只見天使大手一揮，竟出乎意料地把畫家的一切全部奪走。

瞬間，畫家沒有了才華，沒有了容貌，沒有錢，也失去了他的妻子。

天使看著畫家難以置信的表情，鐵著心腸拂袖而去。

一個月後，天使再次來到畫家身邊。這時候的畫家已經又窮又病，跟一個乞丐沒有兩樣了。

天使再次揮一揮手，把他原來擁有的一切還給他。

畫家笑了，因為，他終於知道什麼叫做幸福了。

盧梭在《愛彌兒》裡提醒我們：「十全十美的幸福在世

上是不存在的，幸福是相對於痛苦的一種體驗。」

　　能夠理性面對自己的處境和客觀環境，才是知足的幸福人。

　　現在很流行角色扮演，當你覺得自己不幸福的時候，不妨試著設想那些天災地變中災民的處境，或許就會恍然發現其實自己已經很幸福了。

　　如果你總是覺得日子難過，也可以適時轉換念頭，便會發現許多事情實在不值得煩憂，不值得怨艾。

　　煩惱都是自找的，倘若一個人不懂得珍惜自己眼前的幸福，無論擁有多少人人稱羨的東西，依然還是會覺得空虛。

　　成功的真諦，在於內心的充實；至於幸福的真諦，其實就在於知足。

　　農夫只需要有一頭牛就能感到滿足，生意人只得到了回鄉的盤纏就已經開心得不得了。他們要的東西都不多，所以他們都覺得很幸福。

　　知足就是幸福，一個人若是覺得不幸福，或許不是因為他真有多麼不幸，而是因為他要的東西實在太多。

事事都算計，只會讓自己懊惱不已

事事算計並不一定會讓生活更加如意，有時
只是白費心機，讓自己遭遇失敗挫折時更加
懊惱不已。

人們經常有的一個錯誤迷思，就是「我們應該要停下腳步，
為每一次失敗嘆息，為每一場勝利歡呼」。

其實，生活就是生活，遭遇困難是生活；順順利利也是生
活。過得了的，是生活；過不了的，也一樣是生活。

法國紀錄片〈微觀世界〉中曾經紀錄了一個這樣的場景：

一種綽號叫做「屎殼郎」的昆蟲，推著一個糞球走在不平
坦的山路上。

途中，一根植物的刺直挺挺地斜長在路面上，這根刺根部
粗大、頂端尖銳，十分顯眼。但是，屎殼郎似乎並沒有看見，
牠推的那個糞球，一下子就扎在了這根巨刺上。

屎殼郎好像沒有發現自己遇到了阻礙，繼續賣力地推著糞
球，只是無論牠多麼用力，那顆糞球都依然文風不動，停佇在
原地。牠試著正著走、倒著推，甚至還推走了糞球周邊的土塊，

轉而由側面進攻，但仍然一點效果也沒有。

那顆糞球堅固地、安穩地、深深地扎在那根刺上，沒有絲毫移動的跡象。

然而，屎殼郎仍然不放棄，終於，牠繞到了糞球的另外一面，將它往上輕輕一頂，咕嚕一聲，頑固的糞球居然就這麼從那根刺裡「逃脫」出來了！

無疑的，屎殼郎打了一場漂亮的勝仗。

但是，更出人意料之外的是，屎殼郎並沒有為自己的勝利歡呼，更沒有計劃要慰勞一下辛苦奮鬥後的自己。牠幾乎沒有做任何停留，只是繼續推著牠的糞球，以原來的步調往前走，就像什麼都沒有發生過一樣。

只留下電視機前的觀眾們，為這樣的景象感到驚嘆不已。

對屎殼郎這種卑微的昆蟲來說，生命並沒有輸贏，也無所謂勝利與失敗，牠不像人類總是患得患失，每一分鐘都在算計，每一分鐘都在為下一分鐘思考。牠只是很認命、很認真地活著。

事事算計並不一定會讓生活更加如意，有時只是白費心機，讓自己遭遇失敗挫折時更加懊惱不已。

生活還可以有許多方式，生活除了輸贏以外，還可以有許多其他的選擇。

如果用腦袋、用智慧生活令人感到疲憊，或許我們也可以換一種不用腦的生活方式，不要試圖主宰生活，只要讓生活引領我們，自自然然地走向沒有終點的方向。

3.

改變心境，
走出生命的困境

如果你擁有健康的身體，

那麼請你好好珍惜與愛護；

若你正為病痛所苦，就要勇敢面對考驗，

努力活出上天賜予的生命。

換個態度，能提昇工作效率

> 如果你覺得工作很無聊，那就想辦法把工作
> 變好玩，一邊工作一邊玩樂，反而可以激發
> 出更好的創造力及工作效率。

雖然今天有很多高階管理人員仍頑固地將快樂和幽默從工作中抽離，認爲我們應該在「工作的時候工作，玩樂的時候玩樂」，但事實證明，一邊工作一邊玩樂，反而可以激發出更好的創造力及工作效率。

很多人都不曉得要怎樣把工作變好玩，其實，只要在每個工作的空檔中，放鬆緊繃的心，好好發揮幽默感，做些令自己開心的事情，工作自然而然就會變得有趣多了！

一個年輕人經營一家藥房，因爲生意不好，每天爲了生計愁眉苦臉，對待顧客也沒有好臉色，正因爲如此，他的藥房生意每況愈下，年輕人很想乾脆結束營業算了。

只是，想歸想，他心裡還是不願意就這麼輕易放棄。

於是，他突然領悟到，既然說什麼都要做下去了，爲什麼不把工作當成一種生活的樂趣呢？

從那天起，他改變了工作的態度，把看店當成一種好玩的

遊戲來看待。並且經常思索各種有趣的方法，增加工作時的樂趣，讓自己和顧客都能感受到店裡輕鬆愉快的氣氛。

沒多久，他的這種試驗就收到了明顯的效果。

年輕人擅長根據每位顧客不同的特性開著恰到好處的玩笑，爲藥房帶來一股輕鬆溫馨的氣氛。同時，他更積極、更主動地爲客戶提供服務，因此大受顧客的歡迎。

沒多久，他的生意就已經好到了開分店的地步，而且分店越來越多，目前在美國藥行界位居第二。

這種寓工作於玩樂的態度往往能收到很好的效果。

有一位推銷員，因爲業績不佳，每天的心情都非常沉重。

後來有一天，他決定要換個念頭，把這項工作當成一個有意思的遊戲來玩，讓日子過得輕鬆一些。

他用開玩笑的方式，與另一個推銷員展開一場趣味競賽，以比賽的方式度過一整天上班的時間。兩人每天比打卡的時間、比接觸到客戶的人數、比完成問卷的數量，甚至比上廁所的速度。

爲了取勝，他們兩個都在競爭中使盡怪招，爲了打敗對手無所不用其極，結果反而令生活充滿歡笑。

藉由每一次競賽的勝利，這名業務員重新燃起了對工作的熱情，業績也跟著大幅提升。

高爾基說：「如果享受工作的樂趣，那麼人生是天堂。如果工作是義務，那麼人生就是地獄。」

如果你覺得工作很辛苦、很無聊、很沉悶，那就想辦法把工作變好玩！幽默、膚淺、遊戲其實都是工作中不可或缺的一部分。

得到別人認同，做事就容易成功

再怎麼複雜的問題，其實都是人的問題，想
要把事情做好，就要先把人搞定，每個人都
有可能會是我們的貴人。

對一般人而言，小公司要和大企業合作或許很難，但是只
要懂得擒賊先擒王，從主事的關鍵人物下手，這其實也不是這
麼難。

此時，就不再是小公司和大企業之間的事，而是人與人之
間的事。要得到一家企業的認同，的確很不容易，但是，想要
得到一個人的認同，就沒有這麼難了。

一天，《墨檀》月刊的主編詹森得知「森尼斯企業」剛剛
制定了一份年度廣告計劃，總預算高達兩千多萬美元。當下，
詹森就決定，一定要想辦法讓「森尼斯企業」來他的月刊登廣
告！

據說，「森尼斯企業」的總裁麥唐納是一個非常精明能幹
的人，詹森多次寫信給「森尼斯企業」，要求商談廣告業務的
事宜，寫得洋洋灑灑、字字血淚，但都遭到該公司拒絕。

但是，詹森並不灰心，他決定要做的事，就是要做到底。

他費心查閱了許多相關資料，知道麥唐納是一位探險家，曾經到過北極。那個時間正好是知名探險家漢森和比爾準到達北極，掀起一股北極旅遊旋風之後的幾年間。

詹森立刻想到，麥唐納一定是聽聞了漢森和比爾準的極地冒險事蹟以後，才決定去北極的。

知名探險家漢森從北極回來以後，曾經就本身的經歷寫過一本書。詹森於是費盡周章找到漢森，請他在書上簽名。

接著，他便前去拜訪麥唐納。

才剛走進麥唐納的辦公室，漢森就看到許多和北極相關的收藏品。麥唐納指著牆角的一雙鞋子，很自豪地說：「看到那雙雪鞋沒有？那是漢森送給我的。對了，你看過漢森寫的自傳嗎？」

「看過，」詹森緩緩地拿出給漢森簽過名的那本書說：「湊巧我這裡有一本，他還特地在這本書上簽了名。」

麥唐納一聽，彷彿找到了知己一樣，立刻笑得合不攏嘴。

他告訴麥森：「在我看來，你的雜誌應該有一篇介紹像漢森這樣不畏艱險努力實現理想的人！」

接著，他又說：「不過，雜誌要做得好，經費就不能少。這樣吧，我和你簽一份年度廣告合約，你儘管放手去做吧！」

要記住，再怎麼複雜的問題，其實都是人的問題。

想要把事情做好，就要先把人搞定。

哈菲茲說過：「單槍匹馬的奮鬥，無法實現美好的憧憬。

如無他人的相助，任何慾望都成泡影。」

　　得到別人認同，做事就容易成功，所以，我們平時就應該要好好做人，因為每個人都有可能會是我們的貴人。也許是現在，也許是以後，也許是在你最需要幫助的那一刻。

改變心境，走出生命的困境

如果你擁有健康的身體，那麼請你好好珍惜
與愛護；若你正為病痛所苦，就要勇敢面對
考驗，努力活出上天賜予的生命。

在一場講座中，罹患腦性麻痺的黃美廉博士被問及：「妳怎麼看待自己患病的身體？難道都不會怨天尤人嗎？」

她轉頭在黑板上寫下一句話：「我只看我所有的，不看我所沒有的。」

歪斜的身體，不平衡的肢體動作，幾乎沒有說話能力的她，不僅克服了身體上的障礙，更努力活出生命的光彩。

不畏懼他人異樣的眼光，即使成長的過程充滿了血淚，她仍然勇敢面對，最後獲得加州大學藝術博士學位，以及十大傑出青年的榮譽。

是的，只要願意改變心境，每個人都可以走出生命的困境。

二十世紀墨西哥的國寶級女畫家芙烈達・卡蘿，擁有極高的藝術成就，但她的一生卻為病痛所苦。

六歲時罹患小兒麻痺，十八歲那年遭遇一場幾乎奪去性命

的嚴重車禍，一根金屬扶手穿透了她的骨盆，造成無法生育和其他嚴重的後遺症。四十七年的歲月中，她經歷了三十二次手術，甚至被迫截肢。

即使因骨骼病變必須被石膏固定在椅子上，芙列達也沒有放棄作畫。無法起身的時候，她就在床的上方裝上一面鏡子，繼續堅持作畫，將生命的希望及生育的渴望表達在藝術中，在繪畫中尋找喜悅。

雖然她也曾有過輕生的念頭，埋怨上天為何要如此折磨她，但在日記中她這麼寫著：「我病了，我已經垮了，但是只要能作畫，我就很高興自己還活著。」她也對朋友說過：「我非常愛事物、生命、人。」

在芙烈達的葬禮上，前來瞻仰、悼念她的人超過了六百人，當靈車載運著她的身體進入爐門那一刻，火焰燃燒著她的頭髮，就像一朵綻放的向日葵，如同她最後的畫作，畫出對生命的禮讚：生命萬歲。

生命的鬥士面對這個世界時，表現出來的大都是樂觀的一面。他們表面上看似忽略了身體承受的痛苦，比任何人對生命更富有熱忱，但他們真的如此豁達嗎？

相信，私底下的他們，必定有過痛苦萬分的掙扎與煎熬，甚至可能比任何人都無法接受自己的殘缺。可是，生命帶給他們的遭遇，就是如此的殘酷，不克服，就無法生存下去。

因此，最值得學習的，是他們走出困境的精神：改變想法接受事實，並且克服身體上的障礙，勇於追求人生，走出自己

的一片天空。

　　每天翻開報紙，打開電視，自殺、自殘的悲劇不斷上演，太多人不懂如何克服自身面臨的挫折，欠缺足夠的抗壓力，才會讓悲劇一再發生。

　　在某些人輕易結束寶貴生命的同時，卻有更多人不斷爭取活下去的機會，若讓他們交換身分，異地而處，當呼吸都變成一種奢侈，當身體的病痛奪走生活的一切，他們還會如此輕易地捨棄自己的生命嗎？

　　看過芙烈達的故事，四肢健全的我們，要懂得珍惜與滿足。因為唯有健康地活著，才是最大的財富！

　　每一個人都是赤裸裸的來到世上，就像一塊空白的畫布，等著自己去揮灑色彩。如果你擁有健康的身體，那麼請好好珍惜與愛護；若你正為病痛所苦，就要勇敢面對考驗，努力活出上天賜予的生命。

用心體驗生活，讓生命更豐碩

人生只能活一次，每個日子都是獨一無二、
值得珍視的。如果只會為過去悲傷，那麼請
準備為未來落淚。

現代人每天匆匆忙忙地來往各地，倉促與人碰面、交際，
很少慢下腳步仔細體會周遭的生活。

我們常忽視了路上的一草一木，感受不到風吹過髮際的舒
暢，甚至忘了生活中還有其他的美。

或許，有很多人要在多年之後，才發覺原來自己居住的環
境，竟然有那麼美妙的地方，因而後悔自己沒有早一點發現，
真是一很可惜的事。

一位學富五車的學者隱居在深山中，過著簡單樸實的生活。
清晨起床，他就進去森林採野菜，傍晚時就坐在山崖上欣賞日
落。

國王知道有這樣一位人才時，非常希望能請他幫忙治理國
家，為了表示尊重，決定親自前往拜訪。

一路上崎嶇難行，好不容易才到達。國王在屋裡找不到學

者的身影，卻聽到屋後傳來一陣歌聲，前往一瞧，原來，學者正利用岩壁流出的泉水，快樂舒適地洗著澡。

國王表明自己的來意後，學者仍毫無反應地繼續洗澡。國王心裡一急，走向前去想問學者要什麼條件才肯答應自己的請求，這時，學者終於開口，說的卻是：「請不要擋住我的陽光。」

還有一個故事是，一個剛失戀的少女打算以自殺的方式來結束生命，走到湖邊徘徊著。

在那兒有一位正在寫生的畫家，專心致志於眼前的畫布上。

少女走到他的身後，好奇地看著他作畫，心裡納悶著這個地方有什麼好畫的，那座山陰森森的像個鬼影，暗綠的湖像灘死水。

畫家像是沒察覺少女的存在般，依然專心作畫，過了好一會兒，他終於開口：「想看看畫嗎？」

少女雖然有點排斥，但還是好奇地走了過去。

當她看到畫布那一剎那，驚豔地摒住了呼吸，她深深地被吸引住了，完全忘了自殺這件事。

她眼中像墳場般的景色，竟然變成那麼美麗的畫面。湖面就像湖上的宮殿，山林像長著翅膀的天使，畫家拿起筆，又在上面點了幾個小點，少女開心地叫了起來：「那是星辰和花瓣啊！」

畫家滿意地笑了，說道：「是啊！美麗的生活需要我們自己用心發現呀！」

畫家把這幅畫命名為「生活」，並將它送給少女。

　　第一個故事中的學者十分清楚自己要的不是獲得名利、權位,只需要生活的滿足,因而即使國王來到自己面前,也不會因為這份尊榮而心動。

　　第二個故事中的少女將自己綁在過去的傷痛中,終日悶悶不樂,而時間就這樣一點一滴流逝,所幸遇到畫家帶領她發現生活中還有許多美好的地方。

　　人生只有一次,每個日子都是獨一無二、值得珍視的。如果只會為過去悲傷,那麼請準備為未來落淚。

　　大自然是生命的導師,心靈能否汲取自然的智慧,卻要靠自己細細領略。生活本來就是如此簡單,需要我們慢下腳步,好好感受其中的美好。

看見問題，才能解決問題

在解決問題之前，一定要知道自己的問題在哪裡。只有先看見自己的問題，才可以用最適當的方式來解決其他問題。

生活中，我們難免會碰到一些問題。遇上問題並不可怕，可怕的是不知道該如何解決問題。

每一個人解決問題的方式都不一樣。有人習慣用「生氣」來解決問題，有人喜歡用「哭泣」來解決問題，有的人遵循「大事化小、小事化無」的策略，還有人總是把自己的問題丟給別人來解決。

事實上，每一種方式，都不見得是絕對的好，或是絕對的壞，只有適不適合自己的選擇而已。

有個盲人牽著他的導盲犬，正準備要過馬路時，這隻狗不知道是吃錯了什麼藥，固執地賴在地上，一步也不肯走。

盲人不耐煩地扯了扯手中的繩子，催促狗快點走。沒想到，這隻不知死活的狗竟然在主人的褲管上撒尿！

旁邊的路人看了，不禁露出好奇又同情的眼光，想看看這

隻狗的主人會有什麼反應。令人驚訝的是，狗主人居然一聲也沒吭，只是從懷中掏出一片餅乾，蹲下身子來餵狗吃。

其中一名路人實在看不下去，出聲勸告狗主人說：「你得好好管教管教你的狗才行！換做是我，早就一腳從牠的屁股上踹下去了！」

「我也想這麼做啊！」盲人笑著說：「不過，得先找到牠的頭才行。」

在解決問題之前，一定要先知道自己的問題在哪裡，否則，一旦用錯了方式，反而會把問題越攪越亂，越捅越大，到最後甚至還會把自己的問題，變成了別人的問題。

就像故事中的盲人一樣，他的狗發生了問題，如果顧著罵狗而忘了自己看不見的這個問題，那麼最後的結果，可能是狗被他罵跑了，他卻看不見，到頭來還得大費周章地託人把狗找回來。

很多人在碰到問題時，都認為那是別人的問題。然而，只有先看見自己的問題，才可以用最聰明、最適當的方式來解決其他問題。只有當你自己有能力去處理自己的問題以後，才有資格去指責別人的問題。

「再見」是成長的開始

在生命的旅程中，離去者留下的不只是傷痛，還包括支持和勇氣。別害怕說再見，這只是一個成長的開始。

詩人紀弦在〈火葬〉一詩中將人比喻成一張寫滿的信箋，躺在牛皮紙的信封裡，當投入火葬場爐門的那刻，就像一封貼了郵票、蓋好了郵戳的信，寄住遙遠的國度。

生離死別往往是人生中最大的傷痛，這樣的離開意味著一切從此改變，熟悉的臉孔不再對你說話、對你微笑。

許多人不願意接受親人永遠離去的事實，終日活在悲傷裡，連自己的人生也放棄了，放任時間無意義地逝去，不僅身邊的人難過，自己也不好受。

學會面對死亡，是我們從出生就要開始學習的課程。

比利心愛的小狗死掉了，他難過地跑到秘密基地，瘦弱的身影獨自坐在石頭上，雙肩因為啜泣而抖動著，淚水流滿比利的雙頰。突然，一隻厚厚的手掌輕輕地撫摸著比利，抬起頭一看，原來是爺爺。

爺爺牽起比利的小手，溫柔地看著他。

「爺爺！」比利抹去滿臉淚水問道：「該怎樣才能好好說再見呢？」

爺爺往遠處的一棵蘋果樹望去，沉默了好一會兒才再度開口：「『再見』這個字太傷感了，但是它留下了期待。我們有許許多多道別的方式，沒有一個不教人感傷的。」

祖孫倆手牽手走進院子，這裡種滿了爺爺最珍愛的玫瑰花。

「比利，你看到了什麼？」

比利深深地吸了一口氣，深怕驚動了什麼似地輕聲說道：「爺爺，這裡的一切真是美極了。」

爺爺彎下身擁著比利說：「玫瑰雖美，但是因為你的心中充滿了愛，它們才更顯得芬芳。」

「讓我來告訴你這些玫瑰的故事，那時妳的母親都還沒出生呢！這些玫瑰是我第一個孩子出世時，我為他種下的。我感謝上帝將這個小天使送到我身邊，他的名字也叫比利。」

「有一天，可怕的戰爭爆發了，比利像許許多多的孩子一樣，離開了家鄉進入戰場，我陪他一步一步走到車站。十個月過後，我收到一封電報，比利在義大利的一個小村莊陣亡了。」

爺爺緩緩地站起身，擦拭著眼角的淚光。

「他對我說的最後一句話，就是再見。直到今天，我還忘不了他當時說話的神情。」爺爺用堅定的神情望著比利。「所以，別害怕說再見，不要被世上的孤獨與悲傷纏繞，離別時，只要記著彼此問候的愉快神情，就像太陽照在身上溫暖的感覺。」

兩年過後，傳來爺爺病危的消息，所有家人都趕回老家，

圍繞在爺爺的身邊。比利跟爺爺道別時，輕輕說了一聲：「再見了！親愛的爺爺。」

此時，爺爺臉上露出一抹淺淺的笑容，就像正回應著比利：「再見了，我親愛的小比利。」

比利離開了房間，走進玫瑰花叢，陽光照在他的臉上，他領悟了爺爺所要告訴他「再見」的道理。

道別的方式有許多，只有「再見」能夠留下期待。人生總有無數次說再見的時刻，有的歡欣喜悅，有的淚流滿面。每一個「再見」，就像許下一個承諾，期望下一次見面時實現，儘管有些「再見」，卻再也無法相見。

根據民間習俗，離開喪家時是不能說再見的，他們覺得「再見」會讓死去的人留戀塵世，更讓活著的人無法面對事實。

曾經面對過親友死亡的人，相信都有一種共同的經驗：在你談論起過往的人時，常常會忘記他已離開自己身邊，這就是一種回憶。死者在你生命中留下的寶貴記憶，是任何人都帶不走的，或許在回想時會開懷大笑、痛哭流涕，但這正代表著你已經能勇敢說「再見」。

在生命的旅程中，離去者留下的不只是傷痛，還包括支持和勇氣。別害怕說再見，這只是一個成長的開始。

有創意，更要有積極的行動力

創意能為生活帶來便利，甚至獲得意外的利
益。這是上天給予每個人的天賦，只是你有
沒有去探索與開發呢？

創造力一詞並不屬於特定人士，它在日常生活中扮演著極
為重要的角色，從家庭生活到工作、人際關係等等，都充滿了
發揮創造力的空間。

創造力的重點在於「個人的品味」，並不是只有偉大的文
學作品、驚人的科技發明才能登上創造的行列，只要有獨特的
自我風格，即使只是透過一道菜，也能發揮十足的創意。

只不過，有創意，更要有積極的行動力。

某日，愛德華在倉庫幫忙父親處理工作過後遺留的木屑時，
碰巧遇見了登門拜訪的鄰居。原來是他家裡給貓使用的沙子因
為天氣寒冷又潮濕而結塊了，想要些木屑鋪在沙子上面。

愛德華半開玩笑地從身邊的舊箱子中拿起一袋風乾的黏土，
建議鄰人試試看，並告訴他這是一種附著力很強的土。

過了幾天，鄰居又過來要一樣的土，並告訴愛德華這種土

比一般的土好用多了，不但較沒味道，而且好清理。愛德華聽完突然靈光一閃，心裡想著：「我何不來賣這種黏土呢？」

於是，愛德華開始做起小生意，弄來一些黏土，分裝成十袋，每袋五磅，一袋以六十五美分賣出，才剛推出就被搶購一空。

很快的，一傳十、十傳百，愛德華開始有自己固定的客戶群，也建立起自己的品牌。

他不斷改良產品，將種類不同的黏土混合，讓吸收力更好，並且加入各種香味，提供客戶更多選擇。

就這樣，愛德華靠這種黏土而致富，在他去世的前三年，資產已達到了二十億美元。

這種黏土就是現在我們所使用的「貓砂」。

相同的機運也發生在喬治身上。

喬治在退伍軍人療養院工作，因為要照顧老人家的生活起居，不方便從事其他活動，因此將很多時間花在讀書和思考。

那時療養院的衣服都是外包給洗衣店負責，喬治看到那些為防止燙好的襯衫出現縐折而墊的硬紙板被丟棄時，若有所思地撿起來研究。

過了不久，喬治便向製造硬紙板的廠商洽詢印製成本，得知這種紙板的價格是每千張四美元。

於是，他和廠商商量，在硬紙板上加印廣告，以每千張一美元的價格賣給洗衣店，再賺取廣告的利潤。

因為價格便宜，推出後洗衣店紛紛購買這種加印廣告的硬紙板，但是喬治沒有因此而停止思考，仍然不斷想著新點子。

　　當他看到使用過後的硬紙板最後還是被丟掉時，不禁問自己：「該怎麼做才可以讓客戶保留硬紙板呢？」

　　某天，靈感突然出現在腦海裡。喬治馬上跟廠商討論，除了正面印上廣告之外，背面則加進一些新東西，例如能讓孩子著色的可愛圖案、美味的食譜、可以全家一起玩的小遊戲等等。

　　之後，硬紙板不但沒有被丟棄，更有主婦為了蒐集紙板而將可再穿一天的襯衫提早送洗，喬治又再一次成功了。

　　美國作家湯瑪斯・衛斯特在著作《靈魂之眼》中如此寫道：「傑出人士有時候在創新方面，遠比在吸收、保留舊知識還要優秀得多。」

　　面臨同一個問題，能夠擺脫慣性思考的人，比較有機會發揮自己的創造力。愛德華和喬治的共同點在於，他們能以新穎獨創的方式解決問題，而且不斷研究與改良。

　　愛德華有著孩童天真爛漫的原創性，以黏土代替木屑而發現了「貓砂」的最好材料；喬治則主動尋求靈感，並非等靈感上門，他們在生活上的表現是積極而活潑的。

　　創意能為生活帶來便利，甚至獲得意外的利益。這是上天給予每個人的天賦，只是你有沒有去探索與開發而已。

　　在忙碌的生活中，給自己多一點獨處的空間，去思考、感受周遭的人、事、物。別害怕犯錯，只有不敢嘗試新奇的人才不會犯錯。

與其求人幫忙，不如展現專長

與其去請求別人幫你一個忙，給你一份工作，不如你先去幫對方一個忙，證明你自己的工作能力。

剛畢業的大學生是企業主最不願意僱用的一群人，因為他們缺乏實務經驗，又多半不願意從事基層工作。

但是，有些年輕人卻把自己「剛自大學畢業」的缺點變成優點，從最熟悉的「大學生」族群下手，為自己和公司打造出一番新氣象，這可是其他資深行銷人員想不出來的點子啊！

經濟衰退之際，很多大公司紛紛裁員。

這時，有個年輕人剛從大學畢業，想到當地一家大百貨公司找份工作。

他帶著一封介紹信來到百貨公司經理的辦公室。這封介紹信是他父親寫的，百貨公司經理是他父親大學時代最要好的朋友。

經理看了介紹信以後，很為難地告訴年輕人：「本來憑著我和你父親的交情，一定可以在公司裡安排個位置給你。可是，

很不巧，我們公司昨天才剛裁掉一批員工，生意又一直虧本，要是我這時候再讓新進人員進到公司裡，恐怕會引起所有員工的不滿啊。」

除了這名年輕人外，還有很多從這間大學出來的畢業生都來到百貨公司找工作，只是，不管他們手中拿的是誰寫的介紹信，也不管是何人推薦他們，得到的全是同樣的答覆。

漸漸地，畢業生之間開始有傳言說，想到這間百貨公司找工作，根本就是浪費自己的時間！

然而，還是有人不信邪。

一天，有個年輕人來到百貨公司，直接走到經理辦公室門口。他手中沒有介紹信，也不是來找工作的。

年輕人只是請秘書送給經理一張紙條，上面寫著：「本人有一個主意，可以幫你解決目前遇到的困境，找回過去的景氣。如果你有興趣，請給我一個面談的機會。」

經理看了字條，立刻向秘書說：「讓他進來！」

年輕人一進到辦公室裡，就對經理提出了他的想法，條理分明地說：「我想替貴公司開辦一個適合大學生的服裝專櫃，專門賣服裝給大學生。你想想，不管經濟再不景氣，一般學生的生活都是不受到影響的。本校有一萬六千名學生，人數年年增長，大家的消費能力雖然不高，但是加起來卻會是很大的一股力量。雖然我不懂得怎麼製作衣服，但是我知道學生們喜歡什麼衣服、需要什麼樣的衣服。而且我還可以幫貴公司在校園內進行宣傳活動，吸引學生來這裡買衣服。」

沒多久，這家百貨公司果真為大學生們設立了價格便宜、款式新穎的學生專櫃，配合校園的宣傳活動以及專門給學生的

折扣，吸引一批又一批的大學生一下課之後，就往這家百貨公司跑。

學生成了最主要的消費群，帶動了整間百貨公司的生意。

不用說，一手策劃這一切的年輕人也正式被這家公司聘用。

成功學大師斯邁爾說：「如果良機不來，你就自創良機。」

同樣的道理，如果在求職的路上總是被拒，不要只是傻傻地等待下一個機會，應該靠自己主動出擊，才有出人頭地的一天。

與其去請求別人幫你一個忙，給你一份工作，不如你先去幫對方一個忙，證明你自己的工作能力。

從這個年輕人身上，我們不僅看到了找工作的技巧與謀略，更重要的是，我們在他身上看見了「初生之犢不畏虎」的決心。

每個人都應該要和這名年輕人一樣，不小看自己，並且一定要充分了解自己的專長和優勢。

只要換個念頭，就能讓自己出頭。不小看自己，才能勇敢接受每一項挑戰；充分了解自己，才能盡情發揮自己的才能。

要努力替自己創造良機，千萬不要讓自己最美好的一面，僅止於一封華麗的「介紹信」而已！

4.
你可以選擇走向
不同的人生道路

德國思想家歌德在《感想集》裡寫道：

「能把自己生命的終點和起點連接起來的人，

是最幸福的人。」

任何夢想花園都得靠你親手打造

法國文豪雨果曾說：「我寧願靠自己的力量，打開我的前途，而不願乞求有力者的垂青。」

　　對於你認為應該做的事，不論理論上可不可行，不論存在著多少艱辛，儘管放手去做，因為，不論做得好或不好，至少你已經往目標踏出第一步。

　　別再浪費時間了，不如把等待和觀望羨慕的時間拿來行動，你也會有屬於自己的美麗天堂。

　　有六個高中生前去拜訪費城當地以博學著稱的康惠爾牧師，向他提出請求：「牧師先生，您肯教我們讀書嗎？因為，我們沒有錢上大學唸書，現在中學要畢業了，我們都非常想再繼續深造學習，不知道您願不願意指導我們？」

　　康惠爾答應了這六個貧家子弟的請求，事後他突然想到：「一定還有許多年輕人和這六位學生一樣，想學習知識，但又付不起學費上大學，我應該為這些窮困的年輕人辦一所大學。」

　　於是，他為了籌建大學而開始進行募捐。

　　當時，建一所大學大概要花一百五十萬美元。康惠爾四處奔走，忙著在費城各地演講，這樣努力奔波了五年，豈知竟然還湊不足一千美元。

　　康惠爾為此感到非常難過，有一天心情低落的來到了另一間教堂，正想著下星期要準備的演講稿，就在他低頭之時，發現教堂周圍的草長得枯黃雜亂，便問園丁：「為什麼這裡的草，長得不像別間教堂那樣青綠呢？」

　　園丁抬起頭，不以為然地看著牧師說：「你認為眼中這地方的草長得不好嗎？那是因為你把這些草和其他地方的草做了比較的緣故。我們總是看到別人美麗的草地，希望別人的草地就是我們的，卻很少認真整理自己的草地。」

　　沒想到園丁不經意的一段話，頓時令康惠爾恍然大悟，他跑到教堂裡開始流暢的撰寫演講稿。

　　在演講稿中他以激勵的語氣這樣寫著：「我們總是讓時間在等待和觀望中白白流逝，自己卻忘了可以親自動手，讓事情朝著我們所期望的方向發展。」

　　不久之後，康惠爾牧師在這股動力推促下終於完成願望，創立了一所嘉惠窮人的大學。

　　法國文豪雨果曾說：「我寧願靠自己的力量，打開我的前途，而不願乞求有力者的垂青。」

　　一般人總習慣看著別人的成就而羨慕不已，卻不肯親自耕耘屬於自己的美麗花園。

　　對康惠爾牧師來說，當他努力為費城的貧困子弟四處奔跑

時，大部份的人只肯給予同情的眼神，卻不肯付出幫助。

　　牧師發現不同地方的草地經營，發現人們只會羨慕的慣性，於是，他把「自己的夢想要自己實現」的觀念傳遞出來，希望能讓所有人知道，只要願意，任何夢想都能實現。

　　當我們羨慕別人用手整理出美麗花園，何不也親自動手整理一片屬於自己的美麗花園？

沒有毅力，就不可能創造奇蹟

英國物理學家哈密頓就曾說：「只要有耐心，感覺敏銳，即使智力不佳，也能在物理學上有新發現。」

你一定聽過，有些人的一天是四十八小時吧！

你覺得不可思議嗎？其實一點也不，因為對他們而言，沒有什麼分配不了的時間；對有效率、有毅力的人而言，時間是在他們的手中任意調配的。

德國著名的詩人歌德一生成就非凡，但是，誰也沒想到，他其實是一位業餘的作家。

他二十六歲時，艾瑪公爵請他擔任行政方面的工作，還要長期負責舞台的監督工作，一直到了晚年他才有較多的時間來寫作。

歌德流傳於世的著作共有一百四十三本，其中有一本世界文學的經典之作《浮士德》，內文長達一萬二千一百十一行。這些著作是他以驚人的毅力，不浪費生命裡的每一分每一秒，用盡一切辦法，把每一個空檔時間都充分利用的成果。

　　如果把時間視為流水，那麼你也可以像歌德一樣，用毅力把流水積聚起來，做個可以為自己人生發電的「攔水壩」。

　　沒有毅力就不會有奇蹟，在成功案例裡的每一個成功者，都是善於運用時間縫隙的人。

　　正如達爾文所說的：「任何科學發明，都得經過長期的考慮、忍耐和勤奮才能成功。」

　　所有科學家都公認，毅力甚至比智力還要寶貴，例如，英國物理學家哈密頓就曾說：「只要有耐心，感覺敏銳，即使智力不佳，也能在物理學上有新發現。」

　　這也就很多公司在應徵人才的時候，為什麼會有這樣的一條要求：「要能刻苦耐勞」，現在你明白其中道理了吧！

　　那你呢，有沒有具備這樣的特質？

　　美麗的人生，因為有風有雨點綴，才會顯得更加壯麗，生活不可能總是一帆風順，唯有堅持不懈，才會擁有這美麗人生。

　　人生不必苦短，因為你可以掌控你的時間，只要充滿毅力，時間會因為你的努力而加長；對於沒有決心的人，為了避免他們過度浪費，時間會自然縮短。

　　時間分分秒秒的走動都是為了你，如果你再不好好運用，生命時間肯定會快速轉動！

信心就是希望的火種

德國作家亨利希·曼說：「信心是希望的火種，往往在你摸索的黑夜裡，照亮前程的路。」

面對突如其來的逆境或險境，你總是慌張地亂了陣腳，還是沉著應對？

不要把緊張和恐懼在最危險的時候表現出來，因為，那只會讓對手更有把握對付你而已。

斯蒂克在第二次世界大戰時被徵召入伍，在聯軍登陸諾曼第之後，他就被送到歐洲戰場上，參加抗德戰爭。

他在前線歷經六個月的戰爭，他所屬的兩百多人隊伍，後來只剩下幾個生存者。不久，他從小兵升到了班長，還獲得三枚獎章和一個英勇勳章。

他曾經多次在深夜帶兵到敵後偵察，也曾數次襲擊敵方的營地，每次他都打前鋒，而且每次都是九死一生。

一次，在德國邊境的小鎮上，他擊毀了一架敵方的機關槍，還救了同袍一命。

　　有一次要深夜到敵後偵察時，他的排長命他帶領一群弟兄，穿過鐵絲網和地雷區，深入敵軍兵營裡探取情報。

　　這次斯蒂克仍然走在最前頭，不但帶回寶貴的情報，還俘擄了四個敵兵回來。

　　還有一次偵察行動中，斯蒂克帶著一班弟兄越過一座橋樑，進入了靠近德軍駐紮地的一間獨立小屋，就在黃昏時分，他們擊斃了一名攻入走廊的德軍。他和弟兄們在小屋中和敵人的屍體一起過夜，因為和德國軍隊只隔著一座橋，士兵們都很害怕敵人會來圍攻，這時斯蒂克沉著地說：「勇敢一點，只要我們不畏縮，這一夜一定能安全渡過。」

　　有了斯蒂克的勉勵，一班弟兄們的心都鎮定了下來，也真的平安地渡過了一夜。

　　德國作家亨利希·曼說：「信心是希望的火種，往往在你摸索的黑夜裡，照亮前程的路。」

　　培養你的自信心吧！

　　所謂的奇蹟和轉機，其實都是對自己有了信心後，能沉著應對，然後以不畏縮、堅持不懈和越挫越勇的精神，安然渡過每一個困難和危險。

　　只要充滿了信心，你就你自己命運的主宰，不管碰到任何危險事情都能逢凶化吉。

讓自己的生命充滿活力

高爾基在短篇小說《時鐘》中寫道：「人有兩種生活方式：腐爛或燃燒。膽怯而貪婪的人選擇前者，勇敢而積極的人選擇後者。」

儘管有人說，沒有雄心壯志的人，生活就會缺乏偉大的動力，自然無法有傑出的成就，但是，過度的渴望，常常會導致極度的失望。

其實，不必給自己太多偉大的志向，只要知道什麼才是生活的意義，把握當下去做你真正想做的事，就算那只是件芝麻綠豆般的小事，也都會使你的生活中變得不平凡。

有個年輕人躺在公園的椅子上曬太陽，衣衫襤褸、神情萎靡，一直有氣無力地打著哈欠。

這時，有一個老先生走了過來，看著他，忍不住好奇地問：「年輕人，難得天氣這麼好，你不去做些有意義的事情，怎麼懶懶散散地在這裡曬太陽？豈不是辜負了大好時光？」

「唉！」這個年輕人嘆了一口氣說：「在這個世界上，我除了這個軀殼外，已經一無所有了，又何必費心費力地做什麼

事？我啊，每天在這裡曬曬我的身體，就是我唯一可以做的大事了！」

「你沒有家嗎？」老先生好奇問。

「當然沒有，」這傢伙吃驚的回答：「你知道，與其背負家庭的重擔，倒不如沒有。」

「難道，你都沒有喜愛的人？」

「沒有，與其愛過之後反目成恨，不如乾脆不去愛。」

「那朋友呢？」

「也沒有，與其得到之後可能還會失去，不如乾脆沒有。」

「那你怎麼不想去賺錢？」

「那更不想，你想想看，錢賺了又會花光光，那何必勞心費力把自己搞得那麼累？」

「喔？是這樣嗎？」老先生若有所思的說：「看來，我得快點幫你找根繩子才行。」

「找繩子？幹嘛？」這年輕人好奇地問。

「幫你自殺啊！」老先生一臉認真的說。

「自殺？你幹嘛叫我去死？」這年輕人驚詫地叫了起來。

老先生看著他說：「是啊，人有生就有死，以你的推論，那與其生了還會死，不如乾脆就不要出生算了。現在你的存在，根本就是多餘的，那不如死了算了，那不是正合你的邏輯嗎？」

年輕人聽了這話，低下了頭，不敢再回話。

如果你在街上問那些熙來攘往、行色匆匆的行人：「現在你過的，是你真正想過的生活嗎？」相信，你會收集到很多「皺

眉」和「苦笑」，因為很多人根本連自己想要什麼都不知道，又怎麼會有開心的生活呢？

　　俄國文豪高爾基寫道：「人有兩種生活方式：腐爛或燃燒。膽怯而貪婪的人選擇前者，勇敢而積極的人選擇後者。」

　　什麼才叫生活的意義，什麼才是生命的價值，每個人的標準不同，但是要找到自己真正想過的生活，卻是共同的準則。

　　給你一個良心建議，不必非得豐功偉業，也沒有必要立志當聖人，只要認真想想，自己要的到底是什麼，興趣在哪裡，為什麼而生活，你就不會像故事中的年輕人萎靡地躺在公園的椅子上曬太陽，也不會有人覺得你活著是多餘的！

你可以選擇走向不同的人生道路

德國思想家歌德在《感想集》裡寫道：「能
把自己生命的終點和起點連接起來的人，是
最幸福的人。」

　　小塞涅卡曾經說過：「如果一個人不知道他要駛向那個碼
頭，那麼任何風向都不會是順風。」

　　相同的道理，如果一個人不知道自己的人生目標，那麼，
不論他就無法活出真正的自己，當然也無法享受生活。

　　人的一生當中會有很多選擇題，雖然每個人的選擇都不同，
但是，每個人心中都有各自的標準答案。

　　榮登美國職棒名人堂的打擊好手R‧熱弗爾是在底特律貧
民區裡長大的黑人，由於缺乏關愛和指導，童年時期他就跟別
的孩子們學會了逃學、偷竊和吸毒。

　　剛滿十二歲那年，他就因為搶劫一家商店而被逮捕，被送
進少年感化所；到了十五歲的時候，他因為企圖撬開辦公室裡
的保險箱再次被捕，進了少年監獄；後來，他又因為搶劫鄰近
的一家酒吧，第三次被送入監獄。

有一天，監獄舉辦壘球比賽，一個年老的無期徒刑犯人看到他壘球打得很出色，便鼓勵他說：「小伙子，你還年輕，有能力去做些你想做的事，別再自暴自棄了。」

熱弗爾聽到後，心中不禁一震，回牢房後反覆思索老囚犯的話，終於做出了生命中最重大的決定。

雖然他還在監獄裡，但他突然意識到，他和一輩子都得在監獄渡過的老囚犯不同，因為他還有機會選擇出獄之後要做些什麼事，他可以選擇不再入獄，他要選擇重新做人，當一個棒球選手。

五年之後，這個年輕人成了美國職棒大聯盟中底特律老虎隊的隊員，因為，一個偶然的機會裡，底特律老虎隊領隊馬丁訪問監獄，發現了熱佛爾的棒球天分，便努力協助他早日假釋出獄。不到一年，熱弗爾就成了老虎隊的主力隊員。

儘管熱弗爾出生在社會的最底層，曾是被關進監獄的囚犯，然而老囚犯的一番話，終於讓他意識到自己的生命還有各種可能，於是選擇走向自己想走的路。

德國思想家歌德在《感想集》裡寫道：「能把自己生命的終點和起點連接起來的人，是最幸福的人。」

故事中，身陷牢獄的熱弗爾可以自暴自棄地告訴自己：「現在我在監獄裡，人生一片黑暗。」但是，他卻願意這麼想：「我要選擇走向不同的人生道路。」

自由選擇的權力，是你開創美麗遠景最有力的工具。

人生充滿選擇，不管是想法，還是前進的路途。沒有人會

架著你要選擇走哪一條路，也沒有人能逼著你一定要怎麼想。

　　你想走向什麼道路，過什麼生活，這些都是屬於你自己的選擇權，如果你不自己在心中做好決定，那麼，縱使有再多的人伸手要幫你一把，你也會失手錯過每一次機會。

再堅持一步你就抵達終點了

修昔底德寫道：「真正能被稱為最勇敢的人，極其清楚地同時意識到生命的痛苦與歡樂，但並不因此而在危險面前畏縮。」

走到成功的臨界點，你會選擇放棄，任由機會流失，還是咬緊牙關堅持到最後一秒？

生活中，我們會不經意的浪費很多時間，但是，在關鍵時刻，如果你把最後一秒的機會浪費掉，或是提早放棄，那麼就從此和成功絕緣了！

來到了開羅博物館，首先映入眼簾的是從卡蒙法老王墓陵挖出的寶藏，每一件都顯得光彩奪目，而在博物館的二樓，則放著燦爛奪目的寶藏，有黃金、珠寶飾品、大理石容器、戰車、象牙與黃金棺木……等等。

這些精巧的工藝至今仍令人讚歎不已，不過，這些東西若不是考古學家霍華·卡特堅持，再多一天時間探挖，也許至今它們仍藏地下不見天日。

一九二二年的冬天，卡特幾乎要放棄尋找年輕法老王墳墓

的希望，因為，他的贊助商已經準備取消贊助費用了。

卡特在自傳中描述，當時是他們待在山谷中的最後一季了，他們整整挖掘了六季，但是在這麼長的日子裡卻毫無所獲。有時候他們日以繼夜的工作，卻一直沒有任何發現，內心感到陣陣絕望，幾乎認定自己被打敗了，應該準備離開山谷到別的地方去碰碰運氣。

但是，要不是大家最後堅持，再用力往地上一鎚，他們永遠也不會發現，那些遠超出眾人夢想的寶藏。

因為卡特的堅持，到最後一刻也不願放棄的精神，才能讓他成為近代第一個挖掘出最完整法老王墳墓的人。

古希臘史學家修昔底德在《伯羅奔尼撒戰爭》中寫道：「真正能被稱為最勇敢的人，極其清楚地同時意識到生命的痛苦與歡樂，但並不因此而在危險面前畏縮。」

不管你現在做到什麼進度，都要充滿積極想法，告訴自己：也許再走一步，就能得到成功的喜悅。

失敗和挫折往往會擋在成功路的最後一步，能夠堅持的人，會看見那個跨欄，並奮力一跳，抵達終點，接受歡呼；不能堅持的人，不僅看不到那個高欄，還會被它絆倒，而且被絆倒後，甚至連爬到終點的努力都不肯付出。

不想原地踏步，就給自己一個往前奔馳的堅持，任何放棄的念頭都不能有，如此才有機會到達你的目的地。

不要為自己的退縮找藉口

法國作家杜伽爾在《蒂博一家》裡寫道：
「如果不把生命、思想、信念化為行動，那麼，所有的一切就什麼意義也沒有。」

　　成功的法則很簡單，當你為自己訂下計劃並且跨出了第一步，只要堅持到底就一定會成功。

　　只是，一路的意想不到和滿路的荊棘，外加隨之而來的困難與障礙，往往讓你面臨了各種挑戰和考驗。

　　這時候，或許你會找藉口讓自己鬆懈、退縮，甚至放棄。當然你可以這麼做，但是，如果你想成功，希望得到歡聲雷動的喝采，你就不能給自己任何退縮和放棄的「藉口」。

　　眾所皆知，美國西點軍校是培育優秀將領的搖籃，在西點軍校受訓的學生，有四條必須嚴格遵守的校訓，其中一條就是：「沒有任何藉口。」

　　這是西點軍校由來已久的傳統，不管是遇到學長或長官問話，新生只能有四種回答：

　　「報告長官，是！」

「報告長官，不是。」

「報告長官，沒有任何藉口。」

「報告長官，不知道。」

除此之外，可不能多說任何一個字。

平時，如果有長官問：「你認為你的皮鞋這樣就算擦亮了嗎？」一般人的第一個反應，肯定是急著為自己辯解：「報告長官，剛才不小心有人踩到我的腳。」

但是，在西點軍校絕對不能這樣回答，因為任何辯解都不被允許，也不被接受，你只能從上面那四個標準回答中做選擇，回答說：「報告長官，不是。」

長官如果再問為什麼會如此，你也只能回答說：「報告長官，沒有任何藉口。」

也許你會認為他們是在軍校受訓，當然要這麼嚴格。

但是，培養這樣的生活態度，在任何領域都非常受用。

你必須學會忍受一切，不管事情如何發生、情況怎樣，重要的是你有沒有行動力，因為你在皮鞋被踩到的當下就要重新擦拭乾淨，或者一開始就要避免讓這樣的事情發生。

也許你會認為這樣並不公平，但是，人生本來就充滿不公平，只要有這個觀念，你就會用堅強的毅力來激發自己的潛能，讓生活除了行動之外還是行動。

姑且不談西點軍校那些斯巴達的教條合不合理，一個人若是想把生活變得更有意義、更有價值，那麼，就不能做「言語上的巨人，行動上的侏儒」。

　　不要老是替自己找藉口，必須鞭策自己採取行動，以實際的做法讓每一天都是生命中的傑作。

　　法國作家杜伽爾在《蒂博一家》裡寫道：「如果不把生命、思想、信念化為行動，那麼，所有的一切就什麼意義也沒有。」

　　為了成功，無論碰到多大的困難都不要停止行動，對於成功者而言，在種種困難的面前不應該有任何藉口。

　　只要你不再找理由推託，你就會有充裕的時間實踐你的夢想；只要你不再拿藉口搪塞，你就已經走在成功的道路上。

　　人生不論好壞都是你自己的，不要再用任何藉口來阻礙你的道路，只要你確定了前進的方法和方向，趕快跨出第一步，相信你很快就會走到夢想的未來！

要讓自己的生命更豐富

人生是否有意義，全看我們的生活態度，看
你是要隨波逐流，還是把住輪舵，朝著固定
的目標行進。

　　每個人都有許多基本慾望。就慾望本身而言，它們當然言
之成理，但歸根結底，它們都有自私的成分。

　　當我們開始走進社會時，總不免取之於社會者多，供之於
社會者少，但如果始終只希望別人滿足自己的種種慾望，而不
想對社會有所貢獻，那麼這樣的人，就沒什麼價值了。

　　我們不是常常見過許多人，雖然所有的慾望都已得到滿足，
可是他們的成就卻極其渺小，幾乎等於零？

　　如果我們要得到別人賞識，就一定要有所作為，如此才可
能爭取到人家的賞識。雖然有時候，即使是做了一件非常有價
值的事，也未必會得到他人的讚賞，可是我們應該記住，有意
義的工作，本身就是一種酬勞，至於別人是否知道，那都是次
要的。

　　英國的南丁格爾女士不顧親友的反對，勇敢做著女人從未

做過的看護戰場上傷殘士兵的工作。

她的這個舉動開始並沒有得到人們的讚揚，而是到她老了，人們才感受到護士工作的意義。

同樣的，我們想要有朋友，自己必須友善才行。因此，我們不該在四周築起高牆來，而是應該主動架橋，與他人進行聯繫才是。只有當我們多表現自己，雙手多出力時，才能獲得快樂。

現代人相當沒有安全感。雖然安全感太少會打擊我們，可是如果安全感太多，也會磨滅我們上進的心。

而且，有一點我們得記住，如果整個社會都沒有安全感的話，那麼我們自己也不可能會有太多的安全感。

所以，我們最深遠的需要應該是內心及情緒上的安全感。只要能做到這一點，即使在置身在荒野或暴風雨中，一切都處於不安定當中，可是我們心頭仍能獲得一片平靜。

一個人生活是否豐富，是否多采多姿，全看他與現實社會的接觸面是否廣泛，對人生的興趣是否濃厚。假使我們心裡只有一根弦，那麼彈出來的音樂當然會非常單調乏味。

哈佛大學校長艾略特常說，他的工作，有百分之九十屬於經常性事務，可是他從不抱怨。因為只要機會一來，他就有足夠精力去從事於另外百分之十的創造性和冒險性工作。

所以，人生是否有意義，全看我們的生活態度，看你是要隨波逐流，還是把握住輪舵，朝著既定的目標行進。

英國詩人濟慈、伯恩斯和雪萊，去世時都不滿四十歲，可

是他們都曾好好地活過，也忍受過苦難，所以雖然生命短暫，但他們的生活卻比活一般人還要豐富。

生命是一個奇妙的賞賜，而且是稍縱即逝的，至於如何充分運用，則全看每個人的努力。假使我們希望擁有很豐富的生命，就可以獲得豐富的生命。

5.
換個角度，就會更加突出

樂觀的人，可以在每個憂患中看到機會；

但悲觀的人，卻只能在每個機會中只看到憂患。

限制，都是自己造成的

也許本來很簡單的事，都因為先在心中設置
了障礙，才會讓事情越來越複雜，也限制了
自己的發展。

人們總是習慣用外表或是既定的印象來評斷事物，就像想
到「夏天」，就會聯想到炎熱，想到「複雜」，便會想到「困
難」。其實，這些都是我們自己訂下的標準或印象。

因此，在真正嘗試之前，何不把自己放空，用單純客觀的
角度加以判斷呢？

說不定，許多的「麻煩事」，在這種「無預設」的心態下，
便可以輕輕鬆鬆地解決了。

魔術大師胡迪尼最令人津津樂道的表演，就是他能在很短
的時間內打開非常複雜的鎖，而且從來沒有失手過。

他為自己訂下一個目標：六十分鐘之內，一定要從任何鎖
中掙脫出來。不過，條件是必須讓他穿著自己特製的衣服進去，
而且不能有人在旁邊觀看。

有一個英國小鎮的居民，決定向胡迪尼挑戰。他們製造了

一個特別堅固的鐵牢，還配上一把非常複雜的鎖，然後請胡迪尼來挑戰，看看他能不能順利地從這個鐵牢中脫身。

胡迪尼接受了這個挑戰。他穿上了特製的衣服走進鐵牢，所有的居民都遵守規定，不去看他如何開鎖。

胡迪尼從衣服裡拿出工具開鎖，但是，時間一分一秒地過去了，他卻打不開鐵牢，頭上開始冒汗。終於，一個小時過去了，胡迪尼還是聽不到期待中鎖簧彈開的聲音，他精疲力盡地靠著門坐下來，結果牢門竟然順勢而開。

原來，這個牢門根本沒有上鎖！那把看似複雜的鎖原來只是個模型，誰也沒想到，一向有「逃生專家」美譽的胡迪尼，竟然被一把根本沒有「鎖」的鎖弄得動彈不得。

法國哲學家拉羅什富科曾說：「戰勝別人，不如打敗自己，因為，最可怕的敵人，就藏在自己的心中！」

許多的限制或障礙，其實都是自己造成的。因為，遇到事情時，我們首先想的不是該怎麼面對，而是如何才能繞過；當問題發生時，直覺反應一定是先找藉口，而不是如何解決，總是等到真的逼不得已的時候，才會動腦筋思考解決的方法。

殊不見，許多本來很簡單的事，都因為我們先在心中設置了障礙，才會讓事情越來越複雜，也限制了自己的發展。

別繼續當個自暴自棄的傻瓜

回頭需要無比的勇氣，也許我們無法在第一時間回頭，但是只要願意，重新出發是永遠都不嫌晚的。

不管你過去多麼墮落或消沉，不管以前日子多麼難過，只要你願意改變，就一定來得及。

就算你曾經對不起很多人，無法獲得別人諒解，但是在你回頭的時候，你至少開始對得起自己。

吉姆從小就不是一個乖孩子，偷東西、打架樣樣都來，久而久之，他的人生離正途越來越遠。

剛開始時，吉姆一點都不會感到內疚，但是隨著犯罪的次數越來越多、越來越頻繁，他積累的內疚感也越來越深。終於，這種掙扎的情緒讓他在一次持槍搶劫的行動中失手，被抓進了監獄。

吉姆在監獄裡，下定決心要重新做人。

從監獄獲釋後，吉姆結了婚，搬到了加州，並且開了一家從事電子諮詢的小店。

可是好景不常，有一天一個陌生人來找吉姆，要吉姆用電子裝置協助自己犯罪。龐大的利潤吸引了吉姆，就這樣，他又開始了犯罪生涯。

吉姆變得很富有，錢似乎多得花不完，而這個情況也讓他的妻子開始產生懷疑。妻子想知道這些錢的來源，但是吉姆不肯說，兩人因此大吵了一架，於是吉姆煩悶地走出家門，在街上無意識地到處遊蕩。

走著走著，吉姆不知不覺地走到公園。他看到公園裡有很多人聚集，一時好奇，便跟著擠進人群中。原來是牧師在佈道，才聽了不久，吉姆便感到十分煩躁不安，因為他覺得牧師似乎是在跟他講話。

聽完了牧師的講道之後，吉姆決定向警方自首。

現在的吉姆，經常在全國各地進行演說，將自己的經歷說給每一個人聽，特別是他決心自首那天的情況。每次說到這裡，他都會這麼形容：「我找到了回頭的勇氣。」

人在徬徨迷惑的境遇中，最容易懷疑自己存在的價值，正因為胸臆中充滿懷疑，往往不懂得珍惜自己。

這時，唯有調整好自己的心態，客觀審視自己，永遠懷抱希望，才有助於自己走好往後的人生旅程。

決心和意志力可以改變一個人，這是大家都明白的道理，但卻不是每個人都可以做到的事情。

尤其是遇到失敗或挫折的時候，怨天尤人的人，永遠比重新再來的人還要多得多。

　　回頭需要無比的勇氣,也許我們無法在第一時間回頭,但是只要願意,重新出發是永遠都不嫌晚的。只要肯下定決心,美好的人生仍然會在你前進的路上等著你!

　　記住,千萬別繼續當個自暴自棄的傻瓜。

承認犯錯，才有機會補救

 發現自己發生錯誤時，補救遠比掩飾犯錯還
重要！只要你不隱瞞錯誤，這個錯誤不但可
以彌補，說不定結果還會比沒犯錯時更好。

　　人人都會犯錯，不管多成功的人，在成功的絢麗光環背後，
一定也有一連串的錯誤經驗。

　　犯錯不是件可怕的事，唯一可怕的地方，在於「隱瞞」錯
誤，因為，隱瞞的結果，往往比所犯的錯誤還要嚴重得多。

　　格里在西爾公司當採購員時，曾經犯下了一個很大的錯誤。

　　該公司對採購業務有一項非常重要的規定：採購員不可以
超支自己的採購配額！如果採購員的配額用完了，那麼便不能
採購新的商品，要等到配額撥下後才能進行採購。

　　在某次採購季節中，有一位日本廠商向格里展示了一款很
漂亮的手提包。

　　格里身為採購員，以他的專業眼光來看，認為這款手提包
一定會成為流行商品。可是，這時格里的配額已經用完了，他
突然後悔起自己之前不應該衝動地把所有的配額用光，導致現

在無法抓住這個大好機會。

格里知道現在只有兩種選擇：一是放棄這筆交易，雖然這筆交易肯定會給公司帶來極高的利潤；二是向公司主管承認自己的錯誤，然後請求追採購金額。格里決定選擇第二種方法，一進主管的辦公室，就對主管坦承：「很抱歉，我犯了個大錯。」然後將事情從頭到尾解釋了一遍。

雖然主管對格里花錢不眨眼採購方式頗有微詞，但還是被他的坦誠說服了，並且撥出需要的款項。

結果手提包一上市，果然受到民眾熱烈的歡迎，成為公司的暢銷商品，而格里也因為這次的超支學到了教訓，並且從中獲得寶貴的經驗。

英國作家斯威夫特說：「不願正視自己錯誤的人，是最嚴重的盲人。」

錯誤發生的時候像刺蝟一樣防衛，只會自討苦吃；坦然承認自己的缺失，才有機會快速彌補，讓自己贏得更多讚賞。

當你發現自己發生錯誤時，補救遠比掩飾犯錯還重要！

只要你不隱瞞自己的錯誤，這個錯誤不但可以彌補，說不定最後的結果還會比沒犯錯時更好。

一旦犯了錯，就要有承擔責備的心理準備，因為自己做錯了，如果因為害怕被責備而不願意承認錯誤，那結果就不僅僅是「責備」那麼簡單了。

你有沒有成功的勇氣？

 充分了解自己是掌握成敗的關鍵，只要能針對自己的缺點改進，原本不屬於你的成功特質，也會逐漸成為你個性的一部分。

成功需要具備許多特質，儘管這些特質並不一定都是與生俱來，但卻是可以靠後天培養的。

其中，最難培養的就是「勇氣」，因為勇氣是邁往成功的第一步，沒有了勇氣，那麼任何事情都無法完成。

莫瑞兒・西伯特常被尊稱為「金融界的第一女士」，因為她在紐約的證券交易所裡擁有席位，並且是第一個在交易所擁有席位的女性。而她位於紐約的莫瑞兒・西伯特公司，也是全美最成功的經紀公司之一。

西伯特從小就希望擁有自己的事業，所以從俄亥俄州到紐約來打天下，而剛到紐約的時候，全身的財產只有牛仔褲裡的五百美元。

她在紐約的第一份工作，是在一家經紀公司當一名周薪六十五美元的實習研究員。

有一天，西伯特接到一個好消息，一家她曾經寫過報告的

公司來電，告訴她因為她寫的產業分析報告，使他們公司賺了一筆錢。就這樣，西伯特得到了她生平第一份公司訂單。

從此，西伯特的業績開始蒸蒸日上，不過，她並不因此而滿足；她一直努力想爭取一家大型經紀公司的合夥資格，但卻因為自己女性的身分而遭到對方拒絕。

這個打擊讓西伯特明白了一件事：想要在這個男性掌權的環境中生存下去，就必須創立自己的事業。

雖然，當時她連租一個辦公室的資金都湊不出來，只能把別家公司提供的小角落充當辦公室，但她還是決心要放手一搏。

莫瑞兒‧西伯特就在這個臨時辦公室裡展開了她的事業。

結果，在六個月之內，西伯特就搬出了這個簡陋的辦公室，搬進屬於她自己的辦公室。而且，經過不斷地奮鬥之後，莫瑞兒‧西伯特終於成功地建立了頗具規模的企業。

古羅馬思想家奧維德曾經說過：「沒有勇氣過好今天的人，明天會過得更糟。」

其實，一個人的成功往往不在於擁有什麼超越常人的能力，而在於制定目標、實踐目標的勇氣與毅力。

在訂定奮鬥目標之前，一定要先徹底了解自己有沒有充足的準備，並且反覆地檢討自己的優缺點，因為，未經深思熟慮，貿然的行動，只會讓自己陷入不必要的麻煩中。

奮鬥的過程中，充分了解自己的個性是掌握成敗的關鍵，只要能針對自己的缺點改進，那麼原本不屬於你的成功特質，也會在不斷地努力後，逐漸成為你個性的一部分。

換個角度，就會更加突出

樂觀的人，可以在每個憂患中看到機會；但悲觀的人，卻只能在每個機會中只看到憂患。

有人說，人生就是一個龐大的市場，每個人都可以在那裡販賣自己的商品，但是，通常只有看出市場潛力的人才會是最後的大贏家。

市場不僅是由消費者組成的，還包括了這些消費者的需求。有需要，才會購買，所以只要掌握了消費者需求，就一定有辦法創造商機。

有一位老人對他的兩個兒子說：「你們的年紀也不小了，也該到外面去見見世面了，等你們磨練夠了之後，再回來見我吧！」

於是兩個兒子遵從父親的囑咐，離開家鄉到城市裡開開眼界。沒想到才過了幾天，大兒子就回家了。

老人看到大兒子垂頭喪氣回來，有些驚訝地問：「怎麼回事？你怎麼這麼快就回來了呢？」

大兒子很沮喪地回答：「爸爸，你不知道，城市的物價實在高得太可怕了！連喝水都必須花錢買，在那種到處都得花錢的地方怎麼生活得下去呢？賺的錢都還沒有花的多呢。」

過了幾天，二兒子打了一通電話回來，興奮地對父親說：「爸爸，城市裡到處都是賺錢的好機會！連我們平常喝的水都可以賣錢！我決定留在這裡好好地開創一番事業。」

過了幾年之後，因為二兒子看準了城市中飲用水的商機，並且掌握了大部分礦泉水和蒸餾水的行銷管道和市場，很快地佔領了水的市場，成為數一數二的富豪。

由於生長環境和價值觀念不同，每個人行事風格不同，觀看事物的角度也不同，因此同樣一件事，往往有著不同的解讀。

任何地方都會有市場存在，都暗藏著成功的契機，只是你能不能看到這個市場的潛在需求到底在哪裡。

有句俗話說：「樂觀的人，可以在每個憂患中看到機會；但悲觀的人，卻只能在每個機會中只看到憂患。」

生命中的契機是無所不在的，只要換個角度、換個心態，你就能看到別人所看不見的機會，掌握需求，你就可以異軍突起。

不要遭到反駁就退縮

想要讓別人了解自己，就必須讓對方明白自己的想法，不要擔心反駁或質疑，只有反駁和質疑才能讓原來想法中的瑕疵消失。

對於事物，每個人都有自己的看法或意見，但卻不是每個人都「敢」表達自己的想法或意見。

要是你連自己的想法都不敢說出口，那麼你如何有勇氣面對困難，如何能創造機會，進入成功的殿堂？

有一個學生考上了英國牛津大學的博士班，但是這個學生卻在參加口試的時候，因為教授質疑她的研究計劃，而和教授展開激烈的辯論。

教授大聲地說：「妳的研究計劃包含了不下十個錯誤，根本就不是一個合格的研究計劃！」

學生也不甘示弱地反駁教授：「這只能表示我的研究計劃不成熟，並不表示這個計劃不合格！而且，如果您能接受我成為您的學生，我有信心，一定可以把這個計劃執行得盡善盡美。」

教授很生氣地說：「難道妳要我指導一個反對我理論的學生嗎？」

學生回答：「坦白說，教授，我就是這麼想的。」

口試結束後，學生心想：「牛津大學應該不會錄取我了。」於是垂頭喪氣地坐在門外等候通知。

沒想到，助教在宣佈錄取名單之時，竟然出現了這個學生的名字。

名單宣佈完後，教授走出面試室，當著眾人的面對她說：「孩子，雖然妳罵了我半個小時，但是最後我還是決定錄取妳。我要妳在我的指導下反對我的理論，這樣一來，如果事實證明妳是錯的，我會很高興；如果證明妳是對的，我會更高興。」

德國心理學家馬克·拉莫斯曾經提醒我們：「不管贊成或者是反對某件事，兩種意見總是會有大量的理由。語言的藝術就在於你如何充分地表達，但是百分之九十九的人，卻經常忽略說話的重要性。」

想要使事情朝自己期望的方向發展，有時必須條理分明地據理力爭。

想要讓別人了解自己，首先就必須讓對方明白自己的想法。

不要擔心別人的反駁或質疑，因為人生就是不斷精進的過程，只有反駁和質疑才能讓原來想法中的瑕疵消失。

而且，就算說明想法之後還是無法得到認同，至少你努力過，也證明了你不是個遇到困難就退縮的人。

從別人的眼中發現自己的不足

在乎別人的看法並不等於是接受別人的束縛，而是藉由別人的眼光來發現自己的不足，並且讓自己更有進步的空間。

「只要我喜歡，有什麼不可以」，這句經典廣告詞，至今還有許多人津津樂道，特別是那些覺得自己很有「個性」的人，更是將這句話奉為經典名言，成天掛在嘴邊。

其實，現實生活中若是太自以為是，只會讓別人覺得你幼稚、白目而已。

有一個少年到一座農場去應徵，農場主人看到少年，便問他說：「你想在我的農場工作是不是？」

「是的，先生。」少年必恭必敬地回答。

農場主人接著問：「那麼，你可不可以拿出一張證明書，來證明你是個工作認真，並且值得信賴的人呢？」

少年立即回答說：「當然可以！我可以去找雜貨店的老闆邁格斯先生，他以前僱用過我。」

農場主人說道：「那好，你去把邁格斯先生找來，讓我跟

他談談。」

　　少年離開了農場，可是過了一整天，不但邁格斯先生沒來，連少年也不見蹤影，沒有再回到農場。農場主人覺得很奇怪，於是第二天一早便到鎮上去找那個少年。

　　農場主人看到少年，便問他說：「你昨天跑哪裡去了？為什麼沒有把邁格斯先生帶來農場呢？」

　　「很對不起，」少年跟農場主人道歉：「因為我沒要求他到農場去。」

　　「為什麼？」農場主人疑惑地問。

　　「啊！那是因為他跟我說了有關你的事。」

　　德國哲學家叔本華曾經寫道：「為什麼世上雖有鏡子，但是人卻從來不知道自己有什麼弱點。」

　　的確，人很容易自以為是，也很容易從自己的角度衡量別人，卻忽略了自己在別人眼中究竟是什麼模樣。

　　這雖然只是一個故事，卻說明了別人對自己評價的重要。即使是與自己不同地位或是不同領域的人，也不可忽略他們的看法，因為這些看法或評價都是自己造成的。

　　在乎別人的看法，並不等於是接受別人的束縛，反而是藉由別人的眼光來發現自己的不足，並且讓自己更有進步的空間。

嫉妒程度，是衡量成功的尺度

只要你有真才實學，就不必在乎別人嫉妒的眼光，因為平庸的人吸引不了眾人的目光，唯有真正有作為的人，才有讓人嫉妒的機會。

嫉妒別人不是一件好事，但是被別人嫉妒可就不一樣了。

要是你在別人心中沒有相當的評價和地位，那麼別人又為什麼要嫉妒你呢？

作家西‧切威廉斯曾說：「人生是一次航行，航行中必然遇到各方面襲來的勁風，然而，每一陣風都會加快你的航速。」

不必擔心別人的嫉妒，也不必為了閒言閒語而患得患失。

海軍軍人伯利是一位名副其實的探險家，在一九〇九年四月六日乘雪橇到達北極，成為到達北極的第一人。

這次的探險圓滿成功，讓他一夕之間聲名大噪，而且難能可貴的是，這個紀錄是好幾個世紀以來，許多探險家不惜冒著生命危險也無法達成的。

不過，這次的探險卻讓伯利付出慘痛代價，他的腳長滿了嚴重的凍瘡，醫生不得不為他切除八個腳趾頭，這個因為探險

所受的重創，也讓伯利痛苦了好長一段時間。

就在這個時候，伯利在海軍的上司也因為伯利的聲名大噪，對他表現出極大的不滿。

因此，當伯利再度提出到北極探險的計劃時，他們不但強烈反對，而且還相當刻薄地抨擊伯利是假借「科學探險」之名，行募集資金「到北極逍遙快活」之實。

這些海軍的高階將領們因為嫉妒，竭力地阻撓伯利的北極探險計劃，最後在麥金雷總統的出面干預下，伯利才得以繼續進行他的北極探險。

如果伯利一直都待在海軍總部裡當一名普通軍官的話，他還可能遭到這種嚴詞抨擊嗎？

當然不可能，因為他在海軍總部的重要性、知名度和影響力，都不至於招來別人的眼紅。

可是，要是伯利害怕遭到嫉妒，因此卻步不前，放棄探險計劃的話，那麼他也不可能有名留青史的機會了。

所以，只要你認為自己的決定是對的，那麼就儘量放手去做吧！何必管別人說什麼？

只要你有真才實學，就不必在乎別人嫉妒的眼光，因為，平庸的人吸引不了眾人的目光，唯有真正有作為的人，才有讓人嫉妒的機會。

6.

充滿希望，才能達成願望

想要成功，絕對不是空想就能實現的，

靠著機巧只求不勞而獲，

得到的也只是短暫的，

甚至會付出更慘重的代價。

卸下重物，輕快面對未知的路

沒有人可以預測人生的下一段路程是崎嶇還
是平坦，但是我們可以選擇的是自己想怎麼
走，是快樂前進，還是背著沉重的竹筏？

人類最大的痛苦來自於心靈，只要心靈無法輕鬆，精神上
的負擔便不會解脫，自然會影響到生活、健康，事業等，讓人
一蹶不振。

人往往只會將重量往心裡堆積，卻不懂得如何卸下來，久
而久之，心靈就會因為負擔不了而哭泣。甚至有時候，我們還
嫌外物的重量不夠，硬要自尋煩惱，徒增心靈的負擔。

要知道，一個連自己的困擾都克服不了的人，是不可能成
就大事業的。

從前有一個樵夫，想要到遠方的某個村莊參加好朋友的婚
禮，這段路程非常遙遠，當時的交通不方便，他又沒有馬匹，
只能徒步行走。

樵夫才走完三分之一的路程，眼前卻出現一條河流，樵夫
不記得有這條河，後來想想可能是前幾個月的連續大雨形成的。

　　這條河說大不大，說小不小，無法徒步跋涉，若要改道，就得繞過另一座山，但這樣一來時間恐怕會來不及。

　　樵夫於是決定在太陽下山之前替自己做一艘簡單的竹筏，只見他拿著隨身攜帶的斧頭走入附近的竹林開始砍竹子，然後將砍好的竹子排在一起，又找一些草搓成麻繩，謹慎地將竹子捆好。等到竹筏做好，天色也晚了，樵夫只好在荒野過了一晚。

　　第二天一早，樵夫扛著竹筏來到河邊，撐著竹竿划到對岸。順利上岸後，樵夫對自己的成品很滿意，覺得竹筏很實用，也因此陷入兩難之中，到底該不該帶著竹筏走呢？

　　帶著走的話實在很累人，不帶萬一又遇上河流，豈不得再做一艘，費時費力。

　　樵夫不捨地看著竹筏，仔細衡量後，決定背著它走。

　　就這樣，他一路背著竹筏踏著沉重的步伐往前走，汗水流入眼睛，也溼透了全身，走走停停，直到到達目的地。然而，這段路卻十分平順，竹筏自然也沒有派上用場。

　　結果卻是，竹筏的重量讓樵夫前進的速度變慢，當他到達朋友家之時，婚禮早已結束了。

　　所謂的失敗挫折，很多時候並非我們達不到目標，而是我們不斷用小事折磨自己，分散自己的注意力。想要獲得成功，就不要把時間和精力浪費在無關緊要的小事上。

　　該放下的時候就放下！懂得放下偏執，人才能活得自在快樂，才不會被心中的竹筏和肩上的竹筏壓得喘不過氣。

　　如果算一下時間，即使翻過一座山換條路走，也比背著竹

筏趕路還快，這就像人生中許多放不下的牽掛，不管是名聲或者是利益，為了這些而付出自己的一輩子的心力，真的值得嗎？

有一種說法是，每個人一生有四顆球，分別是家庭、健康、朋友以及事業，其中前三顆是玻璃做成的，只要一摔就破了，只有事業是橡皮製的，丟下去還會回彈。

但諷刺的是，我們卻常常把事業這顆橡皮球小心地捧著，而忽略保護其他三顆玻璃球。

寬容地對待自己和周遭的人，幽默作家蕭伯納提醒我們：「想要擁有圓融和諧的人生，就必須保持心情舒暢，滿懷信心地大步向前。」

沒有人可以預測人生的下一段路程是崎嶇還是平坦，但是我們可以選擇自己想怎麼走，是快樂前進，還是背著沉重的竹筏？

態度決定命運，一個人的悲或喜、樂或憂，都會影響自己的人生際遇。

選擇逃避，就是對未來放棄

老是選擇逃避的人，永遠都無法跳脫這個框架，即使有一個全新的開始，一旦碰到挫折，還是會選擇逃避。

　　世界上有許多痛苦與幸福同時存在的故事，我們看到這些故事時，常常感動不已，但若是同樣的事情發生在自己身上，大概只剩難過的部分了。

　　有些人面對沮喪，選擇繼續走下去，終於找到出路；有些人則是失去自我，甚至放棄生命。很多時候只是一個念頭的轉換，人生就會大大不同。

　　塔羅牌中有一張「命運之輪」，當它在正面時，是最幸運的一張牌，但是輪子終究會轉動，就像人生沒有永遠的順境，當事情不如預期時，只要能把它當成一項能夠克服的挑戰，就有辦法勇往直前。

　　深夜，一個男人獨自在一座五十公尺高的橋上徘徊。他來來回回漫步走著，終於停了下來，站在護欄旁，看著橋下湍急的河水，接著點燃一根煙，小火花一閃一滅地映出一張漠然的

臉。

　　他決定離開這個世界。

　　一生中，他努力、奮鬥過，但是命運回報的卻是不斷的挫折與失敗。他也曾有過幸福美滿的小家庭，有溫柔的老婆和一對可愛的兒女，然而生活的現實卻讓家人選擇離開他。

　　於是，他縱情於感官的享受，讓自己沉淪在聲光酒色中，四處遊蕩，尋找刺激，酗酒、吸毒就像呼吸一樣的自然。

　　儘管許多朋友勸他回頭，卻徒勞無功，到最後，他終於什麼也沒有了。

　　當煙快抽完時，一道聲音從黑暗中傳了過來：「先生，給一塊錢喝杯咖啡吧！」

　　他望向陰暗處，原來是一個衣衫破舊的流浪漢。

　　他突然笑了起來，丟掉煙蒂，打開皮夾對流浪漢說：「一塊錢，一塊錢怎麼夠呢？我這裡錢還不少，全部給你吧！」

　　他把皮夾裡約一百塊的零錢統統塞給流浪漢。

　　「為什麼？」流浪漢不解地問。

　　「哈哈！沒什麼，你儘管拿去用吧！因為我要去的地方，用不著這些了。」說完他看了一眼河水。

　　流浪漢突然臉色一變，厲聲對男子說：「這樣不行，先生，你不能這樣做。我雖然是個乞丐，但我不是個懦夫。帶著你的錢一起跳河去吧！」

　　「再見了，懦夫。」流浪漢說完，把錢往河下一丟，轉頭就走了。

　　一張張的鈔票慢慢地消失在漆黑的河中，男子愣住了。

　　他突然省悟，自我了斷只是逃避問題，他一直在逃避自己

的人生。他朝河水看了最後一眼，然後離開那座橋頭……

最近網路上出現徵求夥伴一起自殺的訊息，自殺已經是一種懦弱的行為，竟然還可以找人陪伴？

這樣的人不僅是懦弱，還沒用到要別人一起逃避人生。

老是選擇逃避的人，永遠都無法跳脫這個框架，即使有一個全新的開始，一旦碰到挫折，還是會選擇逃避。

只會逃避，根本無法擺脫問題，反而得永遠背負著問題，其實，越想逃避，越是容易被逼得面對現實，與其如此，倒不如主動承受，反而更能握住人生的主控權。

痛苦和快樂的距離，其實只有一線之隔，只要轉個念頭，明天就會是全新的開始。

笑也人生，哭也人生，生活就是這樣苦樂參半的組合。而這些讓人痛苦的事情，往往也都是一念之間的轉換而已。

要是一味鑽牛角尖，自然每天都苦不堪言；如果能夠換一種心態，放開胸懷，用更正面積極的態度看待眼前這些挫折與磨難，每一刻都能過得坦然自在、不受羈絆。

充滿希望，才能達成願望

想要成功，絕對不是空想就能實現的，靠著
機巧只求不勞而獲，得到的也只是短暫的，
甚至會付出更慘重的代價。

　　哲學家羅素曾說過：「希望是堅韌的枴杖，忍耐是旅行袋。
攜帶它們，人可以走完世界，登上永恆之旅。」

　　希望雖然是個抽象的詞句，卻是幾千年來人們維持生命的
元素，沒有任何的東西可以限制我們對明天的希望。

　　希望的存在，可以鼓舞人們的勇氣和鬥志，為每一個開始
奮鬥和努力。希望，就是人生最大的財富。

　　從前有一個農夫，每天辛勤地工作，但還是過著貧困的生
活。

　　有一天他到遠方的小鎮買一把耙子，回家的路上，獨自一
人在森林裡行走時，碰到一個駝著背的老婦人。她告訴農夫：
「我知道你是一個勤奮的人，每天辛苦地工作還是無法改善生
活，我要送給你一枚魔法戒指，只要轉動它並說出願望，你就
能得到你所想要的一切。不過，這個戒指只能實現一個願望，

所以你在許願前必須考慮清楚。」

　　農夫不可置信地拿著戒指繼續上路，不知不覺月亮悄悄升起，農夫只好停下腳步，投宿在小酒館裡。

　　當他吃著晚餐時，跟同桌的商人聊起魔法戒指的事，商人聽得非常入迷，到了深夜便偷偷潛入農夫房間，神不知鬼不覺的用一枚假戒指換掉了真正的魔法戒指。

　　農夫完全沒有察覺，第二天一大早便起床離開了。

　　等到農夫離開之後，商人迫不及待地關緊房門，一邊說著：「我要一億兩黃金。」一邊轉動戒指。結果，無數的金子像傾盆大雨般不斷落下，商人就這樣被金子砸死了。

　　農夫回到家中，便將魔法戒指的事告訴妻子，妻子一聽馬上要農夫許願，希望能獲得一大片土地。

　　「我們必須仔細思考我們的願望，不要忘了，魔法戒指只能實現一個願望。」農夫勸妻子不要著急，並要她好好保管戒指。

　　夫婦倆商量後，決定再努力工作一年，先存到足夠的錢買他們想要的土地。一年後，他們真的買到一片土地，這時，農夫的妻子希望能擁有牛和馬來幫忙耕作，農夫說：「親愛的，讓我們再努力一年吧！」

　　這次，他們也沒有動用戒指。

　　就這樣一年一年過去，夫婦倆靠著自己的努力不斷實現願望。

　　「我們是最快樂且最富有的人了。」農夫摟著妻子，看著雙手建立起的家園：「我們不需要魔法戒指，就已經擁有所有的願望了！」

俄國文豪屠格涅夫曾經說：「人每逢為小事不愉快的時候，煩惱就會趁機來威脅他。」

如果你不想讓生活中的煩憂困擾自己，首先必須對生活抱持希望，全神貫注於自己設定的目標。

故事中的魔法戒指，其實就是一個「希望」。

為了謹慎使用這個希望，夫婦倆決定把它當成生活的後盾，他們想要這個「希望」能用在最需要的地方，因此先靠自己的力量，一件件完成願望，到最後，所有的願望都成眞了，而「希望」仍然存在，那就像一個支持的動力，好好地被保存下來。

想要成功，絕對不是空想就能實現的，靠著機巧只求不勞而獲，得到的也只是短暫的，甚至會付出更慘重的代價。

想要成功，就要有信心，而信心來自於充滿希望。讓希望刺激自己的腦力，化為實踐的動力，你就能得到期望的一切。

自以為是，只會做出錯誤的事

當我們以為自己才是標準時，就不會有寬容的心胸，因為一個裝滿水的杯子，是無法再接受任何液體的。

很多時候，我們總以為自己才是真理，因而無法接受別人的看法或建議，更糟糕的是，還將自己的標準加諸別人身上。

任何人，不管教育水準如何，都會有自己的人生歷練，只要我們願意放下身段去接觸與了解，便會發現意料之外的收穫。

所以，有時候需要學著將自己放空，試著打開視野，開闊心胸，才會發現世界原來如此美麗。

在澳洲大維多利亞沙漠的內部，一座岩山背後的小山陵上，住著一群與世隔絕、自給自足的原始部落——加達加敏族。他們的生活裡沒有所謂的種植、漁獵、農耕等產業，一切都非常的原始，也很簡單。

他們以天地為家，身上只有簡單的遮蔽物，用來擋沙漠風沙，食物則完全取自大自然，通常是從土地裡挖出植物的球根或者蟲卵、蟲蛹等等。

　　加達加敏族的烹調方式也很簡單，他們找來一塊大石板，將蟲蛹等食材放在上面，並在石下挖一個坑，放上枯枝，點火烘烤，只要烤到香味四溢，便是美味豐富的一餐了。

　　有一天，一群來自文明世界的人前來探險。他們深入沙漠，尋找傳說中的原始人，這天剛好碰上加達加敏族，便表明想要與他們共處，好深入了解他們的生活。

　　然而，當這些文明人見識到加達加敏族的「吃法」之時，卻噁心得無法下嚥，直到第三天，文明人再也受不了，決定示範正常世界的飲食。

　　文明人觀察了地形後，發現不遠處一群與加達加敏族相處許久的野獸，正在水源旁優游自在地休息著。

　　文明人擦好槍管，裝上火藥，就開始獵捕行動，一連射出好多發子彈，野獸們一隻隻倒下。

　　文明人清理完野獸的屍體，向加達加敏族借來石板等烹調工具，做出了一道又一道色香味俱全的美食來，並請族人一同分享。族人看著野獸流了一地的血和殘骸，怎樣也不肯吃上一口。

　　文明不但人吃得津津有味，還從行李中翻出酒來，大口吃肉大口喝酒，酒足飯飽之後，竟然發起酒瘋，彼此拳腳相向，大打出手。

　　「大家快來看啊！野獸通通跑到他們體內去了！他們都變成野獸了！」族人看著文明人驚奇地說著。

　　文明人大聲斥喝著：「你們在吵些什麼？」

　　「文明人先生，還是吃蟲吧！不要吃野獸了！吃蟲絕對不會有打架、爭吵、戰爭的犯罪行為發生，吃野獸，難保牠們不

會藉著你們的身體來使壞啊！」加達加敏族誠懇地說著。

　　英國哲學家羅素曾說：「一個人越不懂得控制自己的人，越是察覺不出自己傷害了別人，也傷害了自己，因為眼前的事物蒙住了他的眼睛。」

　　所謂的文明人，展現出來的行為卻與野獸沒有兩樣。可笑的是，這些文明人還存在著種族歧視，自認為可以成為這些「落後」原住民的導師，教導他們如何過「文明」的生活。

　　人們常常流於物慾和某些信念的牽絆而不自覺，沉迷於外在的光環，忽略了內涵比身外之物還重要。就算是學識淵博的人，也可能在自己的各項慾望中迷路，做出自以為是的事。

　　當我們以為自己才是標準時，就不會有寬容的心胸，因為一個裝滿水的杯子，是無法再接受任何液體的。

相信自己，未來就在你手中

回歸到最原始、最純淨、自然的心靈領域，
就能聽見內心最深處的聲音。只要我們願
意，隨時都可以達到這樣的境界。

　　電影人人愛看，然而若是在心靈中放映的「電影」呢？你
是否會感到疑惑、害怕，甚至想逃避，不敢面對？

　　有人說，夢境反應著現實生活，夢中的景色、情節、人物
等等，都和日常的生活經驗息息相關，只要我們正視它，就能
發現其中的相關與奧妙。

　　但夢境畢竟是虛幻的，因此許多人選擇一笑置之。可是，
內心的聲音，潛意識中出現的直覺呢？

　　人往往相信看得見的具像事物，卻不願意聆聽心靈給予我
們的訊息。

　　我們的直覺有些是來自於本身的知識判斷，但是因為我們
對自己沒信心，而忽略了這個無窮的力量。殊不知，那些奇蹟
都因為直覺加上信心，才能創造出前所未有的局面。

　　康拉薩・希爾頓曾是一名飯店經理，後來建立了聞名國際

的希爾頓帝國。

他認為自己能擁有如此的成績，是因為相信直覺，相信自己擁有靈活且敏感的預知能力。

就像某次，他打算買下一間芝加哥的老旅館來改裝經營，拍賣會決定由出價最高的人得標，投標的數字將在開標當天公布。

開標的前幾天，希爾頓設定了一個數目，十六萬五千美元。但就在投標的前一天晚上，他在睡夢中感到一陣心煩，似乎有什麼事不對勁，強烈的感覺到這次的投標會失敗。

再三考慮後，希爾頓決定再將價錢提升到十八萬美元。

開標後，希爾頓果然順利得標，而且比第二名投標者的十七萬九千八百美元只多出兩百美元。

大家都覺得希爾頓真是太幸運了，然而他本人卻認為，這全是因為聽從內心的聲音。

由於預感總是在關鍵時刻提醒了他，因此希爾頓相當重視心靈深處的探索。

從年輕之時，在德克薩斯州買下第一間旅館開始，他就不停地收集相關知識，雖然他並未仔細地研究、整理這些資料，但是，這些知識一直潛藏在他的腦海裡，並整合成一個巨大而且隱密的資料庫。

每一次的決定，希爾頓都會聽從大腦告訴他的指令，當他覺得哪裡有問題時，便會靜下心來，聽聽內心的聲音，這些聲音也從沒有辜負他的期待。

希爾頓的直覺並非僥倖的碰運氣，他曾花過一翻苦心收集相關資訊，大腦也會在適當的時候提供他意見，提醒他該注意的地方。這樣的能力人人都有，可是能充分運用的卻沒幾個。

每一個人都是不平凡的，不過大多數人卻不明瞭自己的能力，庸庸碌碌過一輩子。根據統計，人的一生到臨終之前，只運用了百分之三至四的腦力，因為缺乏對遠景、對心靈的再開發，所以沒有傲人的成就。

現代許多熱門的禪修課程主張的就是回歸到最原始、最純淨、最自然的心靈領域，如此才能聽見內心最深處的聲音。只要我們願意，隨時都可以訓練自己達到這樣的境界，留意每一個來自心裡的感覺，面對它，重視它，更重要的是，要相信成功和信心是一體兩面。

以貌取人，吃虧就是自己

第一印象常常由外表開始。但是，相由心生，就算沒有出眾的外貌，只要整齊、乾淨，充滿笑容，就能給人舒服的感覺。

　　散文詩名家紀伯倫曾經說過一個寓言故事：

　　有一天美和醜在海邊相遇，便一起在海裡洗澡。它們各自脫下衣衫，在海裡盡情游泳，但是沒多久，醜就上岸，穿上美的衣服離開了。

　　等到美從海裡出來後，由於找不到自己的衣服，又不敢赤身裸體，不得已只好穿上了醜的衣服。

　　直到今天，許多人仍然常常分不清美醜的定義，尤其在愛情的路上。以外貌來評斷人事物，往往最不客觀，但卻是人們最容易犯的錯誤。

　　其實，一個高貴、勇敢、美麗的靈魂，要從內在來發覺，不是嗎？

　　從前，某位皇帝的皇宮有一座雄偉又美麗的花園，裡面有各式各樣的花、草、樹木，蜜蜂、蝴蝶和小鳥都喜歡到花園裡

玩耍。

當人們經過花園外的圍牆時，常會被一陣悅耳又迷人的鳥兒歌聲所迷住，有人就寫了一篇文章讚美那隻唱歌的小鳥，並且稱牠為「夜鶯」。

這事傳到皇帝的耳中，令他大感訝異，他從不曉得自己的花園裡住著這樣一隻神奇的鳥兒。於是，皇帝就命令一位侍衛，非要找到這隻夜鶯不可，否則就要砍掉他的腦袋。

接到命令後，侍衛在花園裡不斷地尋找，可是就是看不到夜鶯的身影，到了傍晚，他失望地停下腳步，坐在大石頭上休息。

這時，來了一個小姑娘，看到侍衛垂頭喪氣的模樣，就問他發生了什麼事，了解情況後，小姑娘微笑說：「我有辦法帶你找到夜鶯，不過要等到天黑之後。今天是月圓，夜鶯會在楊柳樹上唱歌。」

果然月亮出來後，侍衛在楊柳樹下看到了夜鶯，便懇求夜鶯跟他回宮去，否則自己的小命就不保了。

夜鶯答應侍衛的要求，跟著他一起進宮。

皇帝跟臣子們聽完夜鶯的歌聲後，都忍不住流下感動的淚水來。皇帝問夜鶯想要什麼獎賞，夜鶯回答他：「您的眼淚，就是我最好的獎賞。」

皇帝因為太喜歡那美妙的歌聲，深怕夜鶯會離開，便用十二條絲線綁在夜鶯的腳上，並要十二個僕人牽著線跟隨牠。

夜鶯雖然過著很好的生活，卻失去了自由。

有一天，外國使者送來一個盒子，裡面裝的是一隻用金子和寶石做成的夜鶯。使者告訴皇帝：「我國獻上的這隻金夜鶯，比那隻灰色的夜鶯漂亮多了，只要把它肚子下的螺絲旋緊，它

就會唱歌給你聽。而且它會唱著同一首歌，不像夜鶯那麼沒規矩的亂唱。」

皇帝從此迷上了金夜鶯，忘了夜鶯，不久之後，夜鶯扯斷腳上的絲線，悄悄離開了皇宮。

日子一天天過去，宮裡傳來皇帝病重的消息。

有一天晚上，死神來到皇帝的床邊要將他帶走，皇帝害怕地大叫：「金夜鶯，趕快唱歌啊！」但是因為沒有人替它上發條，所以金夜鶯一動也不動。

這時候，寢宮裡突然傳來一陣清脆的歌聲，原來是夜鶯回來了，死神聽到歌聲後流下了眼淚：「我好久沒聽到這麼動人的歌聲了，謝謝你，小夜鶯。」說完就離開了。

灰黑不起眼的夜鶯，雖然沒有亮眼的外表，卻有自主的意識和天賦，牠的歌聲甚至能感動死神，可是和故事中的皇帝一樣，人們常被事物的外表迷惑，往往要等最後關頭才有所覺悟。

不可諱言，我們至今仍然生活在以貌取人的社會，第一印象常常由外表開始。但是，相由心生，就算沒有出眾的外貌，只要整齊、乾淨，充滿笑容，就能給人舒服的感覺。

相反的，即使外表再美麗，若是沒有內涵，又常苦著一張臉，久而久之，還是會讓人識破那只是個包裝過後的空殼子。

凡事不要以貌取人，否則吃虧的將會是自己。馬不用駿馬，只要會跑就行，不管是白貓、黑貓，能抓住老鼠的，就是能夠幫助自己解決問題的好貓！

別讓傳統成為前進的沉重包袱

傳統不是枷鎖，是讓自己更進步的基石。不
管對傳統或者新知，都必須給予尊重，這些
都是經驗與知識的來源。

在二十一世紀的社會裡，科技的發展大大改變了人類原有
的生活型態，其中影響最大的就是大眾傳播媒體。雖然它帶給
人們更多獲得知識的機會，但是就另一面來說，它又像一種無
形的催眠，讓我們生活在被動而不自知的環境下，忘了用腦思
考，只是盲目接受。

再看到集幾千年智慧結晶而成的傳統。傳統之所以形成，
必定有它的道理，但是不一定適用於不斷改變的環境，因此在
吸取傳統經驗的同時，也要設法超越它，才能得到真正的智慧。

倘若只知緊抓著傳統的衣角，卻不了解傳統的內涵，還自
以為是地以短淺的認知來規範他人，不僅害人也害己。

一隻與人類共同生活多年的花貓，年歲大了之後身染重病，
已經回天乏術。牠知道自己快要離開人世，便命令身邊的小花
貓們趕快將女主人請來見最後一面。

　　女主人取消原訂的約會，匆匆忙忙趕了過來，手上捧著一束花，神情哀戚地走到老花貓的病榻旁。

　　「親愛的主人，我再也無法陪伴在妳身旁了……」老花貓勉強地開口。

　　原本想伸出手撫摸老花貓的女主人，一看到床邊掛著的病歷表，以及上面列出的一行行病狀時，手便又縮了回去，只說了一句：「你安心休養吧！我已經向菩薩祈求讓你早日康復。」

　　「不行！來不及了！」老花貓用盡全身的力氣說著：「我已經快要死了，趁著還有一口氣在，我有一個小小的心願，希望妳能看在我忠心耿耿陪伴妳多年的份上，無論如何都要答應我的請求。」

　　「說吧！我的小寶貝。只要我做得到的，我一定盡力去做。」女主人看到老花貓的情況，忍不住哭了起來。

　　「那麼……當我離開這個世界之後，請妳不要把我的身體掛在樹枝上。」

　　「原來是這件事啊！這個簡單，我不但會照做，而且還會為你訂製一個小棺材，再請裁縫為你縫一套壽衣，讓你安安心心地離開。」

　　老花貓聽完，就帶著微笑離開了。

　　然而，就在當天下午，老花貓的屍體竟然被懸掛在附近草叢中一棵檜木的樹枝上，旁邊還坐著主人養的那隻以善盡職責出名的老黃狗。

　　小花貓們看到老花貓的屍體被掛在樹上，紛紛表示抗議，責怪主人不守承諾。牠們群聚在樹旁，準備將屍體解下來，這時候老黃狗突然露出尖牙，惡狠狠地將小花貓趕離樹旁，並且

擺出備戰姿態說：「老花貓的屍體一定得掛在這裡，這是幾千年來的老傳統，不遵守不行。」

「傳統？」小花貓們懂的不多，擔心觸碰禁忌，於是緩和了態度。

「我就是傳統，而且是傳統的象徵和代表。」老黃狗得意地大笑。小花貓們聽完，只能不滿地離開了。

古羅馬思想家塞涅卡曾經諷刺地說：「堅持傳統有什麼用呢？這是老婦人，甚至是無知老婦人的哲學。」

老黃狗真的了解什麼是傳統嗎？或許花貓們不了解傳統，只是懾於牠的威力而無力反抗，但這並不代表牠們願意接受這樣的規範。反而是可悲的老黃狗，口口聲聲都是傳統，卻不了解為什麼要這麼做。

如果牠知道哪天自己也必須遵照傳統，隨波逐流「放水」而去，就不會得意地坐在那裡了。

傳統不是枷鎖，而是讓自己更進步的基石。不管對傳統或者新知，都必須給予尊重，這些都是經驗與知識的來源。不管待人或者處世，都必須提醒自己寬容以待，生命才會更加圓融。

不發揮天賦，便是對自己的辜負

任何一個有天賦的人，如果不能發揮自己的
特長，不管擁有多好的能力，都只能留在原
地踏步。

　　春風得意時，旁人恭維的話必定少不了，難免會讓人產生
得意滿足的心理，日子過久了，就以為可以高枕無憂而鬆懈了
兢兢業業的精神，甚至因為過於自滿而得意忘形。

　　這時候，只要隨便一個打擊，都很有可能讓人慘敗收場。
因為，忘卻了最初的堅持與努力，習於安樂之中，很容易讓一
個人喪失鬥志。

　　勝不驕，敗不餒，別因一帆風順而放鬆了綁住帆布的線，
否則大浪打來，隨時都要面臨翻船的危機。至於身處逆境也不
必萬念俱灰，要知道條條大路通羅馬，只要懂得發揮天賦，人
生的道路就不止那麼一條。

　　在一間理髮店裡，有一把非常漂亮的剃刀，光滑銳利的刀
刃、雕刻花紋的木柄，顯得十分出色。

　　客人們都喜歡讓這把剃刀服務，不管是頭髮或鬍鬚，只要

三兩下，就可以刮得清潔溜溜，舒服得像一雙巧手在臉上按摩。

有一天，主人出門辦事，剃刀突然興起一股念頭：自己工作那麼久了，每天望著玻璃窗外的街道，卻從來沒有到外面的世界冒險，一定得出去闖蕩一番。

因此，剃刀將自己鋒利的刀刃抽出刀框，抬頭挺胸，昂首闊步地走出理髮店。才到了門口，燦爛的太陽光射來，照得刀刃閃閃發光，亮光折射到牆上，形成一幅動人的畫面，剃刀看得有些癡迷了。

「我是如此的光彩迷人，難道一輩子就只能待在那間小小的理髮店？」剃刀大聲地告訴自己：「不，我絕對不回去！我受夠了整天埋在一堆泡沫中，為粗魯的傢伙刮著滿臉骯髒的鬍鬚和一頭雜亂的頭髮。像我這樣高貴的剃刀，怎麼可以繼續做那些粗俗的事呢？」

於是，剃刀找了一個偏僻的地方，將自己藏起來。

幾個月過後，進入了陰雨綿綿潮溼的秋天，躲起來的剃刀開始感到寂寞了，最後決定從隱居的地方出來透透氣。

當它站起身子，離開陰暗的角落時，突然大叫一聲：「哎呀！不得了了！」

原來剃刀的刀刃變鈍了，而且還長滿紅色的鐵銹，連漂亮的刀柄都被蛀蟲給咬出一個一個的洞，太陽再也無法在刀刃上映出光芒了。

剃刀跌坐在地上，難過地放聲大哭：「為什麼我那麼愛慕虛榮呢？我的主人是如此珍惜我啊！他那麼肯定我的工作能力，每天把我照顧得好好的，但是，看看現在的我成了什麼樣子啊！」

　　詩人歌德曾說：「即使是最偉大的天才，如果他把一切都歸功於自身，那麼他將無法再前進一步。」

　　任何一個有天賦的人，如果不能發揮自己的特長，不管擁有多好的能力，都只能留在原地踏步。

　　自滿的剃刀沾沾自喜於自己的才能，不再往前求進步，最後只能長出斑斑鐵銹，能力也枯竭了。

　　有時候，平淡也是一種絢爛的表現，不因高人一等而洋洋得意，反而能展現出成熟之美。每一個人都是塊美玉，唯有保持柔軟的心態，經過多次的磨製，才能散發出光彩來。

7.
何不換個心境面對人生？

海倫・凱勒曾說：

「如果一個人從他的庇蔭所被驅逐出來，

他就會去造一所塵世的風雨所不能摧殘的屋宇。」

心情樂觀就能渡過難關

二十世紀最偉大的發明家愛迪生曾說：「不管環境變換到何種地步，我的初衷與希望仍不會有絲毫的改變。」

從心理學而言，感到絕望與對令人絕望的狀況有所了解，是兩種完全不同的心理狀態。

後者是客觀地認識自己所處的情勢，前者則是無法客觀地審視自己的處境。

所以，當我們感到絕望時，只要能設法弄清楚局勢，不但能使心情樂觀，還可以讓自己走出絕望之外。

第二次世界大戰爆發前，國際政治局勢充滿濃烈的火藥味。

由於戰爭已經到了一觸即發的局勢，有位英國政府官員驚慌地對首相邱吉爾說：「我認為事情已經到了完全絕望的地步。」

邱吉爾聽完卻若無其事地說：「不錯，是已經到了無以復加的絕望地步。」但他接著又說：「不過，面對這樣緊張的局面，我覺得自己似乎年輕了二十歲。」

許多人陷入絕望狀態時，總是想盡辦法逃避，但是，邱吉

爾卻選擇面對、接受，即便再絕望的情況，他也能用樂觀的心情加以面對，讓自己充滿奮鬥的精神。

二次世界大戰結束後，邱吉爾的生活由絢爛歸於平靜，有一次他應邀到劍橋大學為畢業生致辭。

那天，他坐在貴賓席上，頭戴一頂高帽，手持雪茄，一副優游自在的樣子。

經過隆重的介紹之後，邱吉爾走上講台，兩手抓住講台，認真地注視著觀眾不發一語，大約有二分鐘之久。

然後，他才開口說：「永遠，永遠，永遠不要放棄！」接著又是一陣靜默，然後他又再一次大聲重複說：「永遠，永遠，不要放棄！」

這是歷史上最簡短的一次演講，也是邱吉爾最膾炙人口的一次演講，不過，這些都不是重點，重要的是你聽進邱吉爾「永遠不要放棄」的忠告了嗎？

做任何事一旦半途而廢，不管你前面付出了多少，立刻都會化成一陣白煙消失不見，經不起任何風吹雨打及考驗的人，根本別想獲得勝利。

當你聽到邱吉爾這番話時，你能感受他的力量，從而給自己一點堅持的勇氣嗎？

二十世紀最偉大的發明家愛迪生曾說：「不管環境變換到何種地步，我的初衷與希望仍不會有絲毫的改變。」

只要你記得，不到最後關頭絕不言放棄，堅持不懈的努力，你才會獲得人生中最美味的果實。

有機會遇上逆境也是一種幸福

愛因斯坦曾說：「通向人類真正的偉大的道
路只有一條，那就是苦難的道路。」

在人生旅程中，並不是每一種我們所遭遇到不幸都是災難，
只要我們以堅定的心情去面對人生中無法避免的災厄，很多時
候，逆境就會變成是另一種的祝福。

古希臘時代，雅典城有一個名叫基里奧的奴隸，很有藝術
的天份。一天，他正在創作的時候，希臘官方竟頒佈了一條法
律，規定奴隸若是從事藝術創作，就要判處死刑。

這項法令無疑宣告基里奧的創作生命死亡了，因為他已經
把整個生命和靈魂都投入在他的雕塑作品上。

基里奧的姐姐聽到了這項法令，和她的弟弟一樣，心中也
感受到巨大的打擊。

但是，她鼓勵著基里奧說：「你搬到我們房子下面的地窖
去創作，一切生活上的需要，我都會供應你，你不必擔心，好
好去做你想做的工作，我相信上帝會保佑我們。」

從此以後，基里奧在姐姐保護和協助下，日以繼夜地進行著危險的藝術創作。

不久，雅典舉行了一個藝術展覽會，由身兼政府要員的藝術家波力克主持，希臘當時最著名的雕塑家菲狄亞斯、哲學家蘇格拉底，以及其他有名的大人物都參加了。

他們發現，在展覽作品中，有一組雕塑特別突出、耀眼，比其他作品都要出色。

這組大理石雕塑吸引著了所有人的注意，藝術家們都同聲讚嘆。波力克於是問道：「這是誰的作品？」

但沒有人應聲，波力克又重複問了一次，還是沒有人回答。

在一片靜默中，忽然有一個少女被士兵拖了出來。

這個少女緊閉著嘴，眼中閃爍著堅定的神情，拖著她的士兵向波力克報告：「她知道這個雕塑的來源，但是她堅決不肯說出雕塑者的名字。」

士兵一再追問，但是少女仍然不說話，士兵恐嚇她再不說話就會被懲處，但是她還是緊閉著嘴巴。

波力克見狀，說道：「那麼，就把她關進地牢去。」

就在這時，一個滿頭長髮、面容憔悴，奴隸模樣的年輕人衝到面前哀求說：「求你放了她吧，是我，那組雕塑是我的作品。」

這時，現場的人鼓噪了起來，紛紛高聲呼喊著：「處死他！該死的奴隸！」

但是，波力克站了起來，說道：「不！只要我還活著，就要保護那組雕塑！法律最崇高的目標就是要保護和發展美好的事物。雅典之所以能聞名世界，那就是因為她對不朽藝術的貢

獻，這位年輕人不應該處死，而應該站在我的身邊！」

隨即，波力克命令助手把手裡的桂冠戴在基里奧頭上。

愛因斯坦曾經這麼說：「通向人類真正的偉大的道路只有一條，那就是苦難的道路。」

我們所要面對的，除了發生在我們身上的每一件事之外，還要留意我們所要做出的反應是不是會造成自己和別人的傷害。

生活中無法迴避的困難會教導我們，應該以堅定的心情去迎接未來，縱使是在極為困難的處境中，也要保持自己的精神力量。如此一來，不僅可以超越痛苦和環境，更可以從體現的價值中，激勵、鼓動我們的生活。

成功和失敗都不可能單獨存在

日本作家松本順寫道：「失敗永遠是使人奮發向上的跳板，只有這樣認識失敗，而又能努力不懈的人，才是前途光明的人。」

每當一個人有所得的時候，同時也必然有所失，相對的，當他遭遇失敗的時候，通常也是站在另一個成功的起點。

成功和失敗都不可能單獨存在，而是彼此相依相存的。

一九三八年，本田宗一郎變賣了所有家當，全心全力投入研發更精良的汽車火星塞。他日以繼夜地工作，累了就倒頭睡在工廠，終日與油污為伍，一心一意只期望能早日把產品製造出來，好賣給豐田汽車公司。

他全心全力投入，甚至變賣了妻子的首飾，總算產品完成了，並送到豐田公司審核。

豐田公司審核品質後，卻評定產品不合格而將它退回。

但是，本田宗一郎並不氣餒，為了得到更多的相關知識，他重回校園苦修兩年，雖然他的設計經常被老師或同學們嘲笑，但他一點也不以為苦，咬緊了牙關往自我期許的目標前進，終

於在兩年後取得了豐田公司的購買合約，完成他長久以來的心願。

當時，正處於第二次世界大戰期間，日本政府禁止民間買賣軍需物資，此外，戰爭期間，本田宗一郎工廠也免不了遭受美國空軍轟炸，還毀掉了大部分的製造設備。

不過，本田宗一郎在這樣的困境中，還是毫不灰心地找來一批工人撿拾美軍飛機所丟棄的炸彈碎片，他還戲稱那些是「杜魯門總統送的禮物」，把它們變成本田工廠製造用的材料。

第二次世界大戰結束，日本又遭逢嚴重的汽油短缺，本田宗一郎又他想出了新點子，試著把馬達裝在腳踏車上，他知道如果成功了，這樣新的交通工具，大家一定會搶著要。

果不其然，他裝了第一部之後就再也沒有停下來了，直到所有的馬達都用光了。

這時他想，不如再開家工廠，專門生產他所發明的摩托車，但是有一個難題，遭逢幾次天災人禍，他手上已經沒有任何資金可以運用。

最後，他想出一個辦法，求助於日本全國十八萬家的腳踏車店，挨家挨戶的解說他的新產品，讓他們明白產品的特色和功能，結果讓他說服了其中的五千家，也湊齊了所需的資金。

時到今日，本田汽車已經成了日本最大的汽車製造公司之一，在世界汽車行業也佔有一席之地。

本田汽車能有今天的成就，全靠本田宗一郎始終不變的決心和不畏艱難的毅力。

日本作家松本順曾經在著作中如此寫道：「失敗永遠是使人奮發向上的跳板，只有這樣認識失敗的意義，而又能努力不懈的人，才是前途光明的人。」

有失敗才會成功，能成功就一定曾經失敗，這是成功的定律。

如果你問一個一帆風順的人，是否覺得現在很成功，相信他一定會回答你：「不就這樣，沒什麼好或不好。」

但是，要是你問一問名人們成功的過程，相信他們會異口同聲的告訴你：「其實，我也辛苦過好久。」

因為失敗，你才會懂得珍惜成功，當你知道成功和失敗原來是相輔相成的最佳拍檔，就不會再害怕失敗！

有著燃燒的熱情，才能不斷成長

巴爾札克在《山間的百合》裡寫道：「熱情就像是熊熊的火焰，是一切的原動力！有無比旺盛的熱情，才可能持續偉大的行動。」

眞正成功的人士總是虛懷若谷，知道自己是一個尚未裝滿的瓶子。正因爲還沒裝滿，所以他們非常用心尋找生活中的每一個學習機會，隨時聽取別人的建議。

反觀我們呢？是不是常常只完成了一件小事，就志得意滿，不屑別人的意見？

人生想過得多采多姿，並沒有什麼特別秘訣，只要謙沖爲懷，隨時保持學習的熱情，就不會失去成功的機會。

曾在紐約市戴爾‧卡耐基學院任職的激勵作家齊格，在授課時認識了一位十分傑出的推銷員埃德‧格林。當時，埃德‧格林已經六十歲了，年收入大約有三十五萬美元。

有一天晚上下課後，齊格和格林聊天。

他直率地問格林，爲什麼要來卡耐基學院上課，因爲所有老師的薪水加起來也比不上他。

格林笑著述說自己小時候的一則小故事。

當格林還是一個小男孩的時候，有一次和爸爸到後院的菜園裡，他的爸爸是個非常專業的園丁，相當熱愛在園子裡耕作，常常為自己的收成而開心不已。

當他們整理完菜園後，他的爸爸問他從中學到了什麼。

格林回答說：「我只知道爸爸非常用心在經營這片菜園。」

但是，對於這個回答，他的爸爸有些不滿意，他說：「兒子，我希望你能夠學會觀察，當這些蔬菜還青綠時，它們仍在生長；一旦它們成熟了，你就會發現它們已經開始腐爛。」

埃德·格林講完這個故事後，說：「我一直沒有忘記這件事，我來這裡上課，是因為我想讓自己保持成長。」

他並向齊格說，他從這些課程學會了一些東西，而且完成了一筆生意，那個是他花了兩年多的時間試圖完成的交易，他相信這些付出的錢，都將會加倍的回收，所以非常值得。

法國文豪巴爾札克曾經寫道：「熱情就像是熊熊的火焰，是一切的原動力！有無比旺盛的熱情，才可能持續偉大的行動。」

你是否對生活充滿熱情呢？有沒有像埃德·格林一樣，保持生活中學習的熱情，讓自己不斷成長？

努力吸收養分，認真充實自己，如果你一直保持追求成長的熱情，那麼就算你只是抬頭望了望天空，也會從任何飄過的流雲中得到生命的啟發。

只有過人的能力才能讓你東山再起

福特汽車的創辦人亨利·福特說：「在這個
世界上，唯一可以保障你的，就是你的知
識、經歷和能力。」

很多人只會注意到機會的有無，反而忽略了自己能力的提
昇。其實，只要是有能力、有實力的人，不放棄自己，肯努力爭
取，機會就能隨時出現。

一九七八年，李·艾柯卡莫名其妙地被福特汽車公司的董
事長福特二世解僱了。

艾柯卡出任福特公司的總經理之後，曾為福特公司創造輝
煌的業績，當時他正率領著福特公司全體員工，不斷地銳意革
新，準備要和通用公司一拼高下。但是，福特二世發現艾柯卡
的地位和威信與日俱增，開始威脅到他的領導權威，於是突然
宣佈解除艾柯卡的總經理職務。

突如其來的變化使艾柯卡一下子從山頂摔到了地面，陷入
個人生涯事業的最低潮。

還好艾柯卡的經營管理能力，早就眾所皆知，他憤而離開

了福特公司，應克萊斯勒汽車公司邀請出任總裁，於是他站在起跑線上，再次重新出發。

儘管當時的克萊斯勒公司處於最嚴重的營運危機之中，連許多政府官員都預測，克萊斯勒公司就快要破產。

但是，艾柯卡卻憑著自己的才能和衝勁，率領全體員工努力奮戰，他勉勵著所有員工說：「只要我在，公司就不會倒！」

終於，艾柯卡反敗為勝，使克萊斯勒浴火重生，擺脫了虧損局面，漸漸提高市場的佔有率，更提前把七年的貸款都還清了。克萊斯勒的浴火重生，讓艾柯卡再一次贏得了各界的讚譽和名聲，也讓他重登事業的巔峰，這全靠著他的積極行動所獲得的成果。

福特汽車的創辦人亨利‧福特說：「在這個世界上，唯一可以保障你的，就是你的知識、經歷和能力。」

想要在這個競爭劇烈而又變幻莫測的時代出人頭地，毫無疑問的，一定要擁有過人的本事。

能力不是一天就能培養起來，必須靠著日月的累積。如果你不想錯過任何機會，那麼就要把自己變成擁有實力的人。

人生的成敗全看你的能力，只要具備了過人的能力，不管走到哪裡，就一定會得到重用，即使失敗了，過人的能力也能讓你迅速地「東山再起」。

何不換個心境面對人生？

海倫·凱勒曾說：「如果一個人從他的庇蔭所被驅逐出來，他就會去造一所塵世的風雨所不能摧殘的屋宇。」

除了臨死前積蘊在心中的遺憾外，還有什麼是生命中不能承受的？其實，人生的意義不在於生命流程到底發生了多少悲慘的事情，而是你如何看待它們。

在一次飛行意外事故中，飛行員米契爾身受重傷，而且身上百分之六十五以上的皮膚都被燒壞了。

為了治療，他總共動了十六次手術，才撿回一條命。

但是，手術之後，他既無法拿起叉子，無法撥接電話，也無法一個人上廁所。

儘管如此，米契爾仍然堅定地告訴自己，他不能就此被打敗，他不斷激勵自己說：「我絕對可以掌握自己的人生，我可以把目前的狀況看成是一個起點。」

奇蹟出現了，六個月之後他竟然又能開飛機了。

重新開始的米契爾，在科羅拉多州買了一幢維多利亞式的

房子，另外也買了房地產、一架飛機及一間酒吧。

　　後來，他更和兩個朋友合資開了一家公司，專門生產以木材為燃料的爐子，這家公司後來變成佛羅里達州第二大私人公司。

　　沒想到，就在米契爾開辦公司後的第四年，在一次飛行途中，飛機再次出了狀況，這次把他的脊椎骨全壓得粉碎，腰部以下永遠癱瘓。

　　但米契爾仍不屈不撓，努力讓自己的生命有所突破。

　　後來，他憑著堅韌的毅力，不但選上了科羅拉多州某個小鎮的鎮長，後來還競選國會議員，也拿到了公共行政碩士學位，並持續他的飛行活動、參與環保運動及公開巡迴演說。

　　某次演說時，米契爾相當感性地對台下的聽眾說道：「我癱瘓之前可以做一萬件事，現在我只能做九千件，或許我可以把注意力放在哀歎我無法再做的一千件事上，但是，我選擇把目光放在我還能做的九千件事上。」

　　海倫‧凱勒曾說：「信心是一種心境，有信心的人不會在轉瞬間就消沈沮喪。如果一個人從他的庇蔭所被驅逐出來，他就會去造一所塵世的風雨所不能摧殘的屋宇。」

　　米契爾的人生遭受過兩次重大災厄，但是，他從不把災厄拿來當放棄努力的藉口，他的故事提醒我們，人其實可以用另一個角度，來看待一些讓自己灰心沮喪的經歷。

　　我們可以退一步想想自己還可以做什麼，然後我們就會充滿勇氣地說：「過去那些不幸遭遇，其實沒什麼大不了的！」

　　不管事情如何轉折，重要的是你怎麼看待。

　　人生就像坐在旋轉木馬上，儘管每轉一圈，眼睛所看到的
景物都一樣，但是，心境不同就會有不同的感受與領悟。

　　生命的態度也是如此，不管事情怎麼發生，只要你堅持你
的目標，清楚知道自己將怎麼前進，就算某一個夢想幻滅了，
你也能夠沈穩地往前走你下一步的未來。

8.

別被影子打敗了

所有緊張、恐懼的心理其實全都來自於自己的想像；

你覺得心神不寧，感到焦慮不安，

結果就真的有事發生了。

別急著對自己說「不」

 很多時候，我們是因為害怕聽到別人的
「不」，所以自己先對自己說「不」，不給你
機會的，其實一直都是你自己。

在這個壞事連連的年代，每個人都會碰到失敗、挫折和打擊，連股神巴菲特、世界首富比爾蓋茲也不例外。

萬一不幸遇到全球性的經濟風暴，或是重大失敗、挫折之後，即將面臨的生活壓力更如排山倒海而來，於是我們看到有的人一蹶不振，成天哀聲嘆氣，怪環境，怪景氣，怪「雷曼兄弟」，怪鄰居……，就是不敢面對自己。

沒有人願意遭遇挫折，但是也沒有人可以從不遇到挫折。

既然無法逃避，那就挺身相迎，和挫折一較高下吧！那些成功的人，有誰不是這樣過來的呢？

NBA超級明星球員麥可‧喬登曾叱吒風雲，揚威體壇；無數的球迷因他而瘋狂，他的一舉一動是許多年輕人仿效的目標。

但是，他並不是天生的籃球員，如果不是他有著堅定的意志力，世界的體育史上也許就會少了這麼一位英雄。

麥可‧喬登就讀北卡羅萊納州威明頓中學高二時，對籃球產生莫大的興趣，每天球不離手，傾盡全力地增強自己的球技。

就在學校選拔籃球校隊時，喬登自信滿滿地去報考，但幾天後，他發現自己的名字並不在體育館張貼的名單上。

「我簡直不敢相信自己的眼睛，我不停地看，以為這樣我的名字就會出現在上面，但是並沒有。」他說。

那一整天他都失魂落魄，連自己怎麼回到家的都不知道。進了家門，他把房門關上，嚎啕大哭一場；當他把這件傷心的事告訴母親時，淚水又忍不住奪眶而出。

只是，他並沒有一蹶不振，哭過之後，他擦乾淚水，堅定地對自己說：「我不要讓自己再有這種感覺。」

從那天起，喬登更加勤奮地鍛鍊自己的球技，發誓以籃球為他的終身志業，而且不想讓自己再度承受失敗的痛苦。

在這股神奇的念力支撐下，短短幾個月裡，他從五呎十寸長到六呎二寸，身高拉長了，動作卻依然靈巧。

第二年，他終於順利進入校隊，世界的籃球史註定要在一段時間之後以他為中心，展開嶄新的一頁。

成功學大師戴爾‧卡耐基曾經勉勵我們：「如果自己非常想要做的事情未能成功，不要立刻接受失敗，試試別的方法，因為，你的弓不會只有一根弦，只要你願意找到另外的弦。」

你還在為小事感到痛苦與疑惑嗎？別忘了，適時讓想法轉個方向。

事實上，好事或壞事，並不是由事情本身決定，而是取決

於我們觀看的角度。

用正面的角度解讀，再糟糕的壞事也會有積極的意義；如果一味用負面的角度看事物，讓你煩憂不已的壞事只會變得更壞。

有一名推銷員屢次去拜訪一位客戶，跑了好幾趟，這位難纏的客人始終不肯點頭。

有人問推銷員：「他一直不肯答應，不就表示他沒興趣，你爲什麼還不放棄，把握時間去拜訪其他客戶呢？」

這個推銷員充滿信心地說：「因爲他還沒有說『不』。」

通常，我們遭遇到的挫折，其實都只不過是一種考驗，既然生命還沒對你說「不」，你又何必未戰先降呢？

很多時候，我們是因爲害怕聽到別人的「不」，所以先對自己說「不」，不給你機會的，其實一直都是你自己。

改變看法，就能改變事情的好壞

如果你把過錯全都推到社會或別人身上，老是埋怨自己諸事不順、懷才不遇，那麼你又怎麼會虛心改變自己？

心理學家威廉·詹姆斯曾經寫道：「史上最偉大的發現就是：一件事情的好壞，可以藉由改變自己的應對態度來決定。」

這是因為，所謂的「好事」或「壞事」並不是由事情的本身來決定，而是由我們用什麼角度看待來決定，只要懂得用不同的角度來看事情，我們就會恍然發現，原來挫折也可以變轉折，我們避之唯恐不及的「壞事」，也可能變成我們求之不得的「好事」。

每個人在奮鬥的過程中，必定會遇到一些瓶頸，有的人終究可以發現自己的問題所在，有的人卻一味責怪大環境，特別對自己本身的不足渾然無所覺，或不想補強。

下面這則故事將要告訴你，如何找出問題根源，衝破瓶頸，開創一片屬於自己的天空。

有一位香皂推銷員，剛開始接觸這份工作時，接到的訂單

很少，每個月的收入也十分有限。因此，他時常擔心會因表現不好而失業，這樣的危機意識促使他極想在短期內進步。

他相信公司的產品和價格都沒有問題，如此一來，問題應該是出在自己身上，如果別人可以把產品賣得很好，自己為什麼做不到呢？每次被客戶拒絕，他都會仔細回想自己有什麼地方做得不對，是不是表達得不夠具有說服力？還是自己展現的熱忱不足？或是自己無法滿足客戶的需求？

每次失敗後，他都會徹底檢討自己，作為改進的方針。遭受到莫名其妙的拒絕時，他也不會就此罷休，他會不死心地折回去，詢問拒絕他的店家：「我不是回來要您買香皂的，我只是希望能得到您的意見與指導。請告訴我，我剛才什麼地方做得不夠好？或是哪裡做錯了？您在社會上的經驗比我豐富，事業又成功，請直接給我一點意見，不必有任何保留。」

就是這種認真的態度，在往後的事業生涯中，為他贏得許多寶貴的友誼和誠懇的忠告。

這樣不恥下問又精益求精的人才，怎麼可能會被埋沒呢？想知道他後來的發展嗎？

這個香皂推銷員經過多年努力，後來晉升為寶潔公司的總裁，掌管全球最大的清潔用品公司。

莎士比亞曾說：「事情本無好壞，一切全看你的想法。」

世界上沒有絕對的好事，也沒有絕對的壞事，發生在你身上的「壞事」，假如你試著用正面積極的態度看待，就可能是一件「好事」。

　　世事萬物都是客觀存在的，已經發生的事情或許無法改變，但是你可以運用正面的能量，改變事情發展的方向。只要適時調整對事情的看法，即使原來讓你懊惱不已的「壞事」，也可能會變成「好事」。

　　想要過得更好，唯一的方法就是讓今天的自己比昨天更進步。

　　如果你一味把過錯、挫折、失敗全都推到社會、景氣或別人身上，老是埋怨自己諸事不順、懷才不遇，那麼你又怎麼會虛心改變自己？今天怎麼可能比昨天更進步呢？

　　「承認自己還不夠好」，是你追求成長的第一步，只有找出自己還不夠好的地方，你才能找到問題的源頭，徹底改變。

　　人才也許會一時被冰凍，但不會永遠的寂寞。

倒著看世界，會有一番新境界

同一個關卡，你無法正向跨過，那麼為什麼不倒著試試看呢？倒著看世界，也許會有另一番境界。

一個強調汽車性能的廣告中，前面每一部車子開進一條死巷子之後，無不倒車轉向，只有最後一部車子，進入死巷卻一直沒有出來。原來，它翻越了擋在前面的高牆。

如果此路不通，那就想辦法跨過去；人生的路途中有太多的死巷，你已經準備好要跨越了嗎？

校園裡，有一群學生正在上體育課，老師要在今天的這堂課裡考核這群小學生們，有誰可以躍過一百一十五公分的橫桿。

這道橫桿的高度大約到小學生們的肩膀，即使穿了多功能運動鞋也很難做到；不出老師的意料，幾乎沒有一個學生成功。

後來，輪到一個十一歲的小男孩時，他不像其他小朋友連想都不想就放馬一試；只見他站在橫桿前面猶豫半天，彷彿在思考要怎麼樣才能跳過一百一十五公分。老師見到他一副要跳不跳的樣子，不禁失去耐性，板起面孔，表示這根本是在浪費

大家時間，口氣不好地一再催促他立刻開始。

逼不得已，小男孩還沒理出頭緒，就匆匆忙忙跑向橫桿。情急之中，他突發奇想，在到達橫桿前的那一剎那把自己的身體反轉過來，背對著橫桿，使盡全力騰空一躍，竟然通過了！

小男孩從空中重重地跌落在沙坑裡，模樣十分狼狽，衣服上沾滿沙子，不由得有些垂頭喪氣，心想自己為了跳過橫桿居然跌了個狗吃屎，肯定會變成同學的笑柄。

他低著頭不敢見人，隱隱約約聽到旁觀同學的竊竊私語，不時夾雜著一陣陣誇張的訕笑聲。

體育老師被眼前的這一幕嚇呆了，他從未見過這種怪異跳高方法，卻出乎意料的成功。

老師微笑地扶小男孩起來，稱讚他的創新精神，並且鼓勵他繼續練習這種「背躍式」跳高。

有了老師的支持與肯定，小男孩對跳高產生莫大的興趣，時常與老師一起練習，一起研究當中的技術問題，一起改良各種跳高姿勢。

後來，這位小學生也不負眾望，在一九六八年墨西哥奧運會上，採用「背躍式」這種耳目一新的跳高姿勢，成功征服了二米二四的高度，刷新當時奧運跳高紀錄，一舉奪下了金牌。

他就是美國的跳高選手，「背躍式」跳高的發明人，享譽全球的體壇超級明星——理查德·福斯伯。

創意是如何誕生的呢？

創意往往是走到山窮水盡，積極思考之後所激發的靈感。

　　同一個關卡，你無法正向跨過，那麼爲什麼不倒著試試看呢？倒著看世界，也許會有另一番境界。

　　你的眼前或許只有一條路，但是別忘了走路的方法有很多，每一種方法到達的終點也不盡然相同，甚至大異其趣。

　　這個世界沒有什麼是「一定」的，倒著走可能寸步難行，可能會跌個狗吃屎，但重要的是，你去嚐試了，有了不同的體驗和感觸。

　　可怕的不是事情本身，而是你看事情的角度。

　　當你的人生遭遇挫折、遇到瓶頸之時，唯有換個角度看待，才不至於讓事情繼續惡化，才能把眼前的障礙轉化爲幫助自己成功的跳板。

何苦把往事扛在肩上？

 何必把往事扛在肩上不放呢？老是想著昨天，你只會失去今天。重要的不是你曾經做過什麼，而是你未來該怎麼做。

　　一直看著背後，當然就看不到前方，這是個人人都知道的道理，只是，遇到挫折時，這也是個最容易被遺忘的事實。

　　詩人作家歌德曾經說：「當我們認為絕望的時候，那恰恰是離我們希望最近的時候！」

　　其實，人生經常會遇到事與願違的情況，但是，當你處於逆境時，必須保持冷靜的頭腦，換個念頭，把絕望當成希望的起點，如此才可能將壞事變成好事。

　　一個年輕人自小遭受很多不幸，長久的不如意，使他懷疑人生的意義，於是，他不辭辛勞、千里迢迢上山，想找一位有名的大師解惑。

　　一見到大師，他就像看到救星般，滔滔不絕地說著：「大師！我是全世界最可憐的人，你幫幫我吧！我非常的孤獨痛苦，沒有父母，沒有親人，也沒有朋友；我找不到工作，就連唯一

的一雙鞋子也在來這裡的路上磨破了；我的手關節受了重傷，
身體也因爲勞碌過度而生病，爲什麼我總是比別人不幸？我要
怎樣找到自己心中的陽光呢？」

大師聽了，沒有回答他的問題，只是淡然問道：「你跋山
涉水而來，一路上都在想著什麼呢？」

年輕人說：「我想著我從小到大遭遇過的痛苦，獨自一人
的孤獨，遭受挫折時的委屈，不被人理解的寂寞……，就是因
爲一直想著這些痛苦，我才有力量走來這裡。」

大師看著年輕人的滿面愁容，便帶他坐船過河到對岸。

上岸後，大師告訴年輕人：「不如這樣，你扛著這條船趕
路吧！它在你過河時，可幫你不少忙！」

「什麼？」年輕人簡直不敢相信自己的耳朵：「這條船這
麼重，我扛著它走，不是很不方便嗎？」

「是的，你扛著它會很不方便。」大師笑著說：「當你過
河時，這條船是有用的，但是既然已經過了河，就要學會放下
船趕路，否則，它不但再也幫不到你，還會造成你的負擔。」

大師接著對他說：「年輕人，你所經歷的痛苦、不幸、孤
獨、寂寞、委屈、流淚……，這些對你的人生都是有用的，如
果不是它們，你哪來的今天？但是，倘使一直抓著它們不放，
就會成了你人生的沉重包袱，你的生命又豈能承受這樣子的重
擔呢？」

改變看事情的角度，就會找到更好的出路。生活周遭發生
的許多大小事，往往暗藏著各種生命的道理。透過這些人生啓

示，我們可以得到許多寶貴的經驗，當成開創幸福未來的智慧籌碼。

美國心理學家威廉·詹姆斯曾說：「要認清事實，接受已經發生的事，是克服任何未來衝擊的第一步。」

既然都已經發生了，你就坦然接受吧！如果不是你的錯，那就不要再一直想著為什麼了。拿這些無可挽回的事情來折磨自己，你只會越想越委屈，越想越不甘心，不但於事無補，而且會干擾你前進的步伐。

逝者已矣！你又何苦把往事扛在肩上不放呢？

老是想著昨天，你只會失去今天。重要的不是你曾經做過什麼，而是你未來該怎麼做；每個人都希望日子過得一天比一天好，不是嗎？

勇敢接受事實，才是生命轉機的開始。

再害怕，也要相信自己一定做得到

弱者的害怕，是在害怕中有疑慮；強者的害怕，是在害怕中仍然自信。

當你的敵人太過強大而讓你心生畏懼時，你該怎麼辦？

想要扭轉眼前的情勢，你必須這麼告訴自己：「雖然我心裡害怕，但是我相信自己一定做得到。」

在恐懼的情緒下和對方全力比拚，就算僥倖勝利了，也是兩敗俱傷；有經驗的人會告訴你，不管眼前的敵人多麼強悍威猛，只要適時激發信心，你就能輕而易舉地戰勝他。

直昇機在高空中盤旋，一群士兵背著跳傘的裝備，站在機艙門口，準備進行他們的第一次跳傘。

從高空中向下看，所有的景物似乎都小得不能再小，樹木像針一樣細小，海中的小島也只有石頭般大。

從空中跳下去，命運全部維繫在降落傘上的一根根繩索上，稍有不慎，人就會像一顆從高處落下的西瓜，腦袋開花。這群新兵想到這一點，不由得閉上眼睛，不敢再往下想。

氣氛有點沉重，每個人連一句話都不敢多講。不久，班長用手向站在最前面的新兵示意跳傘的動作，但是他遲遲沒有反應。看著這位新兵臉上緊張的神情，班長貼著他的耳朵，大聲喊著：「你怕嗎？」

這位新兵遲疑了片刻，看著這一雙緊盯著他的眼睛，想到這也許是自己這一生所看到的最後一個畫面，於是，他老老實實點了點頭，小聲說：「我很害怕。」

「偷偷告訴你，我也很害怕。」班長接著說：「但是，我們一定能完成這個跳傘任務，不是嗎？」

聽了這句話，新兵的心情豁然開朗，原來連班長也會感到害怕，每個人都會害怕，自己又何必為此而羞愧呢？

新兵深吸一口氣，從高空一躍而下，順利地完成首次跳傘任務；他和隊友乘著風，緩緩降落在地面上，成為了不折不扣的傘兵。

許多年以後，菜鳥變成了老鳥，每當率領著新兵跳傘，老鳥也不忘在機艙口問一句：「你怕嗎？」然後，他們會用堅定的語氣告訴新兵：「我也怕，但是，我們一定做得到。」

弱者的害怕，是在害怕中充滿疑慮；強者的害怕，是在害怕中仍然有著自信。

害怕是人的正常情緒，壓抑自己的害怕只會令你更加手足無措；你可以怕，但是不能輸給眼前的敵人。

勇者並非凡事都無所畏懼，只是他們對戰勝的渴望已經壓過了心中的恐懼。

同樣的，只要你試著把「害怕」的念頭轉換成「一定要成功」的決心，對你的表現會更有幫助。

不要自欺欺人地說「我不怕」，那只表示你不知天高地厚，分不清死活輕重。當你心跳加速、手心冒汗時，試著對自己說：「我怕，但是我一定做得到。」即使害怕，也要讓自己充滿自信，這樣的想法會是你最有效的定心丸。

別被影子打敗了

 所有緊張、恐懼的心理其實全都來自於自己
的想像；你覺得心神不寧，感到焦慮不安，
結果就真的有事發生了。

唐宋八大家之一的韓愈曾說過一句名言：「一犬吠影，百
犬吠聲」。

意思是說，一隻狗會因為見到可疑的影子而大叫，其他的
狗聽見聲音也會跟著叫起來。

其實，心理作用也是這樣。很多時候，我們害怕的東西，
起初只是個模糊的影子，而最後把你打敗的，正是這個經過眾
人無限擴大的影子。

阿榮剛到台北來謀生時，在一個小酒吧裡學習調酒。

打從第一天上班，老闆便特別提醒阿榮：「我們這一帶，
有一個流氓，經常來店裡白吃白喝，心情不好的時候，還會把
人打得遍體鱗傷，因此，如果你聽到別人說『大流氓來了！』
什麼也別想，想盡辦法趕快跑就對了。因為，這個大流氓實在
太蠻橫了，連警察都不放在眼裡，上一個酒保被他打傷，到現

在還躺在醫院裡呢。」

某一天深夜，酒吧外面忽然一陣大亂，眾人紛紛喊著：「大流氓來了！大流氓來了！快走！」

當時，阿榮正在上廁所，等到他緊張地走出來時，酒吧裡的客人、員工早就跑得乾乾淨淨，連個影子也見不到。

這時，只聽見「砰」地一聲，前門被人踢開了，一個兇神惡煞般的男人大步走進門；他的臉上有一道刀疤，手臂上的刺青一路延伸到後背。

他二話不說，就氣勢洶洶在吧台前坐了下來，對阿榮吼著：「給我來一杯威士忌。」

阿榮心想，既然已經來不及逃跑了，不如就試著陪笑臉，儘量討流氓的歡心，以保全性命吧！

於是，他露出不自然的笑容，用顫抖的雙手，戰戰兢兢地遞給那個男人一杯威士忌。

男人看了阿榮一眼，一口氣把整杯酒飲乾，然後重重地把酒杯放下。

看到了這一幕，阿榮的心臟簡直快要跳出來了，若不是酒吧裡還放著音樂，他的心跳聲一定會大得被人聽見。阿榮勉強提起勇氣，小聲地問道：「您……您要不要再來一杯？」

「誰有那種美國時間續杯！」男人對著他吼道：「你難道不知道，大流氓就要來了嗎？」

相信大家都有過這樣的經驗，每當到了陰森森、黑漆漆的地方，便會感到毛骨悚然、心跳加速，好像什麼事就要發生，

於是步步驚魂，隨時提高警戒，嚴陣以待。

　　但是，到了最後，往往什麼事也沒發生；從頭到尾，都是我們自己在嚇自己。

　　所有緊張、恐懼的心理其實全都來自於自己的想像；當我們覺得心神不寧，感到焦慮不安，結果往往就真的有壞事發生了。

　　其實，如果不是因為我們心有旁騖，這些意外也許根本就不會發生，只是一旦發生了，我們通常會認為自己「未卜先知」，驚嘆第六感真準，而不去深究其中的因果關係！

　　想要杜絕意外事件的可能，最好的辦法就是根本不要去想到它，當一個人無畏無懼時，就連麻煩也是會知難而退。

改變別人，不如改變自己

你不能左右別人的想法，只能調整自己的心
態。再糟糕的事情也可以找到正面的應對方
式。

失敗者最大的毛病，往往就是從來不會檢討自己，就算自
己有錯，也會認為都是別人害自己犯錯。一味把矛頭指向別人，
有誰敢接近他？更別說是生命中的貴人了！

別忘了，當你的一根手指指著別人時，其他的四根手指正
在指著自己。

小齊十三歲時，獲選為學校的童子軍，童子軍裡層級分明，
代表著不同的榮譽。在小齊所屬的小隊中，特別優秀的人會被
挑選出來，隸屬於一個叫作「霹靂火箭隊」的特殊單位；他們
每個人都是經過一關一關的考驗，由童軍隊友、童軍老師和童
軍助教精挑細選出來的。

能夠成為「霹靂火箭隊」的一份子，代表「你是最棒的」，
就連走起路來也會有風；凡是十三歲的童子軍，沒有一個不想
要得到這樣的殊榮。

但是很不幸的，在那年童子軍的最後一次會議中，小齊發現自己並沒有入選第二年「霹靂火箭隊」團員的名單，偏偏他最好的幾個朋友都榜上有名，正興高采烈地慶祝著。

幾家歡樂幾家愁，這件事使小齊遭受很大的打擊，氣呼呼地跑回家，向爸爸埋怨童子軍小隊的評審不公。

他說，自己沒有被選入「霹靂火箭隊」是因為他默默行善、不求表現，以致無人發現，而那些被選進去的團員全都是好大喜功、引人注目。

最後，他還氣憤地說，這個世界根本沒有公平……。

爸爸始終沉默地聽他說，直到他發洩完了，心情也平靜了，才緩緩開口：「也許他們沒有選到你，真的是他們的損失，但是，我要告訴你，如果你參加樂隊，在街上行進演出之時，每個人的步伐都是『左右左』，而你卻是『右左右』，那麼你怎麼可以認為是他們都踩錯了呢？」

父親的話給了小齊很大的啟發，到了第二年，他終於順利進入他夢寐以求的團隊。

激勵作家強納生經常勉勵年輕人訂定自己的人生目標，更要趁著青春年少，努力累積自己的經歷和實力。

他曾經在著作中這麼寫道：「成功的秘訣其實很簡單，就是不要讓空想成為自己的絆腳石，要腳踏實地努力。」

責怪別人很容易，責怪自己卻很難；找到藉口很容易，找出失敗的原因卻很難。

但是，怪別人、找藉口能改變什麼？

不管眞相如何，地球並不是圍繞著你轉，有時積非成是、約定俗成是你無法改變的現象，若是不想順著潮流走，那就只能勇敢去證明自己，創造另一股潮流，否則你只會遭到潮流滅頂。

因爲，你不能左右別人的想法，只能調整自己的心態。

打擊、挫折不斷在我們生活週遭發生，一旦不走運碰上了，人的直接反應就是忿忿不平，怪東怪西，千錯萬錯都是別人的錯。

但是，不妨平心靜氣想想，如果事實無法改變，我們難道要像小孩子一樣，一直賴在地上嚎啕大哭？

千萬別這麼幼稚，這種時候你只能選擇面對現實，努力把眼前的壞事變成好事。

記住，再糟糕的事情也可以找到正面的應對方式，癥結就在於你願不願意勇敢面對事情，願不願意勇敢面對自己。

講話大聲，可以增強信心

一個人有沒有自信，除了表現在臉上的神情、言談的氣度之外，最重要的就是聲音裡的氣勢。

　　有句話說「衰人有衰相」，意思是正走衰運的人都有特定的樣貌，從言行舉止就看得出來。

　　簡單說，就是「衰」字寫在臉上。

　　如果你覺得自己諸事不順，那就有必要照照鏡子，仔細瞧瞧自己現在是什麼模樣。

　　你看自己，最先看哪一部分？

　　而當別人看你時，你又希望表現出自己的哪一部分？

　　事實上，你最不在意的那部分，別人往往看得最清楚。

　　吳教授是企管系名師，在業界與學術界都相當吃得開，深厚的學養與謙遜的個性為他贏得了好名聲，任何人只要拿著他的推薦函，就像是獲得品質認證，不怕找不到好工作。

　　有一次，一位朋友打電話給吳教授，說他們公司急需人才，請他推薦一位適合的人選。那時正好是鳳凰花開時，吳教授的

一位得意門生剛剛畢業，條件也相當符合，吳教授於是就讓他去朋友的公司面試。

過了幾天，吳教授接到這位朋友的電話，原以為他是要通知這個學生被錄取的好消息，誰知道他竟然說：「你那位學生品行不錯，能力也還可以，但我覺得他有點內向、憂鬱，給人羞怯、沈悶的感覺，恐怕不是大將之材，所以我決定不用他。」

聽了朋友的話，吳教授仔細想了想，發現這個學生平常說話輕聲細語，像是在喃喃自語，自己習慣了，沒什麼感覺，但對於初次見面的人來說，倒真的會覺得不太對勁。

於是，吳教授向朋友拍著胸脯說：「這個學生其實是個很開朗的人，可能是因為第一次面試有一些緊張、彆扭吧！請再給他一次機會，我相信他會表現得很好的。」

朋友看在吳教授的面子，只好勉為其難答應了。

第二次面試之前，吳教授特別叮嚀那位學生，講話一定要大聲一點。

結果，當天晚上，朋友很高興地打電話給吳教授，說這個學生表現得落落大方，原來真的很有潛力，還不斷道謝，感激吳教授推薦這麼優秀的一個人才。

不走運的人，最大特徵就是嚴重欠缺信心，不管做什麼事都一副龜龜縮縮的模樣。更糟糕的是，說起話來像精神病患喃喃自語，或是小聲到只有蚊子才聽得到，讓人看了就皺眉頭。

如果你想擺脫衰運，增強信心，那麼，首先就必須改進自己的說話方式。

我們聽到宏亮的聲音，很直覺地就會認為這個人是個開朗、直率的正人君子，相反的，缺乏自信的人聲音多半是畏畏縮縮、吞吞吐吐，卡在喉嚨裡似的。聽到一個溫柔的聲音，我們聯想到好媽媽的形象，聽到一個又嗲又軟的聲音，我們腦海中第一個想到的字眼是「狐狸精」。

我們習慣用聲音來判別一個人，別人也經由聲音判斷我們。

一個人有沒有自信，除了表現在臉上的神情、言談的氣度之外，最重要的就是聲音裡的氣勢。

或許，我們不能改變與生俱來的音色，但是，至少可以讓自己的聲音散發好氣色；想成為一個充滿自信的人，請先從講話的聲音做起。

9.
沒有起步，就不會有進步

許多人拒絕進步，總是用盡各種藉口，

連「起步」的機會都沒有了，

更遑論「進步」？

只要有夢想，就有圓夢的希望

圓夢是為了成就自身的圓滿，但追夢過程可能遭遇的風險，必須是你承擔得起的。

幽默作家林語堂曾勉勵我們：「人生有夢，築夢踏實。」

每個人都有自己的夢想，只是到頭來，許多人都只會怪生活磨蝕了夢想，卻從不責怪自己為何不踏實築夢。「美夢成真」這句話，也許聽起來很遙遠，但永遠不會嫌遲，晚來總比不來好，成功是沒有時間表的。

海倫十四歲時就夢想成為作家，但沉重的經濟壓力使她像一般人一樣，過著勞碌奔波的生活，從來沒有創作過任何一部作品。到了五十歲時，好不容易卸下生活的重擔，她才有機會對自己的人生做全新的規劃。

海倫加入一個寫作團體，開始嘗試寫作，並將自己的第一部懸疑小說寄給三家出版社。

結果，她收到三份退件；海倫仍不死心，又將書稿寄給三十三家代理商，只是這三十三家代理商同樣寄了退件給她。

　　他們客套地稱讚海倫頗具創意，但是從事寫作，光有創意是不夠的，言下之意，他們認為海倫除了創意之外，一無可取。海倫並不為此感到挫折，她很高興聽到來自四面八方的意見，並虛心地把這一切都看成學習的機會，知道在哪些方面比較缺乏，在哪些部分需要加強。

　　憑著對寫作的熱情，她參加一個犯罪調查和辯論技巧的研習班，開始收集有關犯罪事件的文章，並經常請教犯罪專家，從中汲取各種經驗。

　　經驗使人成長，海倫內心累積的能量越來越多，也受到許多啟發，把各種零星事件串連起來，開始構思故事。

　　後來，海倫帶著完成好的前半部作品參加一個作家會議。與會之前，海倫用心調查每位代理商的背景，並決定把書稿交給其中最具潛力的一家。

　　這一次，代理商沒有支支吾吾，看完海倫的小說，只問了一個問題：「妳想要多少稿酬？」

　　海倫想了片刻，大膽提出一個足以令她安心寫作兩年的價錢：「十二萬美元。」

　　代理商欣然同意。於是，海倫出版了她的第一部小說《鹽的世界》，當時她已經五十二歲了。

　　大文豪雨果曾經說：「因為世界上存在著失望，因此，希望才會成為人類最偉大的鼓舞力量。」

　　想把壞事轉變成好事，就必須對未來充滿希望。

　　無論遇到任何困境，只要心中還抱持堅決的希望，事情就

會往美好的方向發展。

　　人只要還有夢想，無論到了什麼年紀，都還有圓夢的希望。

　　放棄夢想可能會有揮拂不去的遺憾，但是，不顧一切地全力圓夢，也可能會有慘痛的意外發生。

　　到了一定的年紀，你實踐夢想的步伐，也應該隨著年齡增長而更成熟穩健。所謂的夢想，可以是默默耕耘，不一定要放手一搏；可以是腳踏實地，不一定非得一步登天。

　　你已不再年輕，萬一輸了只會一敗塗地，連翻身的機會都沒有。圓夢是為了成就自身的圓滿，但是追夢過程可能遭遇的風險，必須是你承擔得起的。

想太多只會自找麻煩

> 如果你覺得自己不行，別人又怎麼敢把事情
> 交給你？往往在別人否定你之前，你已經先
> 否定自己了，不是嗎？

人生難免會遭遇到許多意外，正所謂「好事多磨」。

人生旅途上，始終一帆風順的人少之又少，但是在你遇到的種種挫折、挑戰中，你知道哪些是真正的問題，哪些又是你自己「虛構」出來的嗎？

想讓眼前不如意的事往好的方向發展，最重要的一件事就是「放下自己」。

一天夜晚，在漆黑偏僻的公路上，一個年輕人正開著車經過，不料，汽車的輪胎居然爆了！

年輕人下車來打開後車廂，翻遍車子的裡裡外外，卻怎麼找也找不到千斤頂，附近一片荒山野嶺，該怎麼辦才好？

正當他心慌意亂時，看見遠遠有一座亮著燈火的農家。在這個四下無人、鳥不拉屎的深山裡，年輕人縱使心不甘、情不願，也只能移動自己的雙腳，徒步走過去尋求支援。

在路上，年輕人一邊走，一邊不停地想：「要是沒有人來開門怎麼辦？」

接著，他又想到：「要是對方開了門，但是沒有千斤頂，那該怎麼辦？」

越往下想，他的推理更深一層：「要是那戶人家有千斤頂，卻不肯借給我，那又該怎麼辦？」

順著這種思路一直想，他越想越覺得：「那戶人家又不認識我，一定不會把千斤頂借給我；對方會想萬一借給了我，我不還怎麼辦？所以一定不敢把千斤頂借給我。」

月黑風高，山路崎嶇難行，年輕人越想心情越糟，一邊擔心自己的車子，一邊感嘆著人情淡薄，即使路見不平也不會有人拔刀相助，這個世界究竟是怎麼回事？

當他終於走到那間房子，情緒已經緊繃、惡劣到極點；敲了門之後，主人剛走出來，他想都沒想，劈頭就是一句：「他×的！你那個千斤頂有什麼了不起的！」

主人深夜來開門，已經夠緊張的，結果一開了門，無緣無故就挨了一頓罵，「砰」的一聲，趕緊便把門給關上。任憑年輕人再怎麼敲門，農戶的主人也不願意再來開門了。

日本心理學家德田虎雄曾經提醒我們：「人與人之間的互動是相當微妙的，散發正面的能量會潤滑彼此的關係，相反的，散發負面的能量，則會讓對方感到嫌惡，導致雙方關係破裂。」

想散發正面的能量，就不要在內心「虛構」種種負面的情況，而要在言行之中展現自己的熱忱及信心。

如果你覺得自己不行，別人又怎麼敢把事情交給你？

如果你覺得自己不夠優秀，你又怎麼能吸引到真正優秀的人來支援你？

往往在別人否定你之前，你已經先否定自己了，不是嗎？

成功的人常在困難中找到機會，失敗的人常在機會中製造困難。如果想要成功，你應該著眼於「你所想要的」，而不是「你所不要的」；世事無常，你怎麼可能預測到每一件意外？

想太多只是自找麻煩，不如意的預測你想得再多也沒有用。不如把注意力集中在你的目標上，你想要什麼，放手去做，沒有「可是」！

沒有起步，就不會有進步

許多人拒絕進步，總是用盡各種藉口，連「起步」的機會都沒有了，更遑論「進步」？

社會上有許多殘障人士克服身體的障礙，活出自己的一片天地，但也有的人身體健全，思想、行動卻像是個殘障。

這說明「事在人為」，人生其實掌握在自己手上，只要你相信自己辦得到，就一定辦得到。

佳佳從懂事起就明顯感受到自己與一般人的不同，她的右手肘以下先天性殘缺，等於只有一隻手可用。

幸好，她有一個很溫暖的家庭，媽媽從來沒有因為她的缺陷而少愛她一點，總是和顏悅色地告訴佳佳：「凡事妳都要自己動手去做。」

七歲那年，佳佳想吃蘋果，一面哭，一面對媽媽說：「我沒辦法削蘋果，我只有一隻手。」

當時，媽媽正在洗衣服，頭也不抬地說：「回廚房去把蘋果削好，妳的手不是問題。」

　　過了半個鐘頭，媽媽來到廚房，看見佳佳把蘋果夾在右臂腋窩裡，然後用健全的左手削蘋果。

　　媽媽開心地笑了，鼓勵佳佳：「妳看吧！只要妳肯努力，沒有一件事情是妳辦不到的。」

　　一直以來，媽媽都把佳佳當成一個正常的孩子來教導，讓她和一般孩子一樣上學、放學，一樣讀書，一樣寫字，甚至連上體育課也請老師不讓她受到一點特殊待遇。

　　二年級的某一天，體育老師帶著小朋友玩單槓，輪到佳佳時，她搖著頭說她做不到，她只有一隻手，沒有辦法支撐身體的重量；某些同學看著佳佳驚慌失措的模樣，當著她的面大笑起來。

　　回到家裡，佳佳傷心地哭了。媽媽一問明原因，立刻就帶著她返回學校，在空曠的操場上教她玩單槓。

　　媽媽站在佳佳的身邊，隨時保護她。接著，媽媽讓佳佳用左手抓牢單槓，再用右手臂勾住單槓的另一頭。

　　整個下午，操場上只有她們母女倆的身影，媽媽陪著佳佳鍥而不捨地練習。

　　過了幾天，佳佳終於可以在單槓上自由自在地盪來盪去，讓所有曾經嘲笑過她的同學都自嘆不如。

　　吊單槓只是一件很小的事情，一般人除了童年以外，可能一輩子都不會再用到這項技能，但是，如果連這點小事都無法下定決心去做好，憑什麼能做大事？

　　許多人拒絕進步，總是用盡各種藉口加以推託，「學這個

沒用……」、「我辦不到……」、「這個不適合我……」，連
「起步」的機會都沒有了，更遑論「進步」？

任何大的成功，都是從小事一點一滴累積而來的；沒有做
不到的事，只有不肯做的人。

想想你曾經歷過的失敗，當時的你真的用盡全力試過各種
辦法了嗎？殘缺的身體不會是障礙，只有你自己才可能是一個
最大的絆腳石。

事情圓滿比誰對誰錯重要

「忍一時風平浪靜，退一步海闊天空。」即使別人指著你鼻子批評，你也能沉著應付，這就對了！

　　面對別人的批評指教，你會虛心接受，還是動輒強言辯駁？如果對方的話與事實真相不符，你會忍不住指正他的錯誤，還是根本不當一回事？

　　每個人都想證明自己是對的，但是，誰對誰錯真的很重要嗎？其實，讓事情朝著自己希望的方向發展，才是最重要的。

　　一九七〇年代，新力牌彩色電視機剛剛打開門戶，擠進美國市場。

　　新力公司的海外部部長經過深思熟慮，決定選擇美國最具知名度的經銷商馬希利爾公司，作為開發市場的主攻對象。

　　部長多次造訪該公司，但是，每次拜訪的結果都一樣，美國人總是直接了當、毫不留情地說「不」。

　　部長不甘心就此罷休，認為越是困難越應該挑戰，一而再、再而三地造訪馬希利爾公司。到了第四次，經理終於願意坐下

來和他談一談。

結果，話不投機三句多，馬希利爾公司經理只提出了一句：
「你們新力的售後服務太差。」便為這次的談判劃下句點。

部長並沒有為此爭辯，一回到辦公室，立刻下令設置特約
服務部門，負責美國地區的售後服務，並向消費者保證隨傳隨
到，一定在第一時間內滿足客戶的需要。這下子，馬希利爾公
司應該無話可說了吧？

豈知，第二次見面時，馬希利爾公司經理又以「新力在本
地的形象不佳，知名度不夠，不受大眾歡迎」而拒絕經銷。

這分明是欲加之罪何患無詞，但是部長一點也不在意，不
慌不忙地舉出新力彩色電視機的優點，最後誠懇地說明：「我
三番兩次、千里迢迢來這裡見您，固然是以本公司的利益為出
發點，但也同時考慮了貴公司的利益。每一家公司都不想做賠
本的生意，我們當然也不會貿然嘗試；相信我，新力彩色電視
機一定會成為你們的搖錢樹。」

馬希利爾公司經理被部長的誠意打動，最後終於勉強同意
代銷兩台彩色電視機試試看。

這兩台彩色電視機才剛擺到架上，不到一個下午就賣出了，
之後的一個月內，一共賣出了七百多台。

三年後，新力牌在美國地區的市場佔有率高達百分之三十，
而且銷售量持續增加。

赫胥黎說過：「重要的不是誰對，而是什麼才是對的。」
你是不是那個「對」的人，一點都不重要，重要的是，你

能不能達到自己想要的結果。

　　為了逞口舌之快，為了一時的意氣之爭，而和你的上司、客戶撕破臉，就好比以卵擊石一樣，破掉的一定是雞蛋，你又何必不自量力呢？

　　記住，一味爭執只會削弱你的價值，更會突顯你是個不知輕重緩急、不知問題核心的蠢人。

　　事實上，很多人就是因為喜歡爭辯的壞習慣，一再丟掉工作，卻還搞不清楚問題在哪裡。

　　忍一時風平浪靜，退一步海闊天空。即使別人指著你鼻子批評，你也能沉著應付，努力達到這種境界就對了！

流過眼淚，笑容更甜美

我們受過傷，流過淚，經歷過痛苦，才算得
上體驗過完整的人生。知道什麼叫做痛苦，
證明你真真實實活過。

我們常常羨慕那些含著金湯匙出生的人，他們的老爸不是
某某某，就是認識某某某；他們有錢有勢，連上學都坐賓士。

這些當然值得人們稱羨，只是你也有令人羨慕的地方，如
果你能發掘出自己的優勢，開創屬於自己的幸福。

從前有一對夫妻，結婚多年一直沒有孩子。或許是他們的
誠心感動老天，婚後的第十年，太太竟意外懷孕，生了個兒子。

夫妻倆整日開心得合不攏嘴，把孩子取名阿龍，希望他將
來功成名就，成為人中之龍。

小阿龍長得白白胖胖，一副討人喜歡模樣，更是父母眼中
的寶貝，爸媽把他無微不至地捧在手心裡，捨不得讓他遭受到
任何一點碰撞。

「孩子，走路時記得要看著腳下，當心別跌倒了。尤其是
在瓷磚地板上走路，那上面又濕又滑，特別容易滑倒。還有，

走山路時也要看腳下，一不小心踩滑了，說不定你會從山頂上摔下去的。」父母親預設了各種狀況，總是對著阿龍諄諄教誨，不希望孩子發生意外。

這對慈祥的父母在阿龍二十五歲那年先後去世了。言猶在耳，阿龍沒有忘記父母親千交代、萬叮嚀的囑咐，時時刻刻都遵循著父母的指示：當他在街上走路，在山上踏青，在春天的草原裡漫遊，在神秘的森林裡躑躅，在商店裡閒逛，在沙灘上散步時，總是非常用心盯著自己的腳下，小心翼翼不被任何東西絆倒。

從小到大，他幾乎從來沒有跌倒過，也從來沒有扭傷過，更沒有碰傷過頭，就連踏到水坑的機會也沒有。

只是，這樣的步步小心並沒有使他步步高升，他一直專注於自己的腳下，無論是藍色的天空、明亮的彩霞，或是閃爍的星星、城市的燈火、人們的笑容，對他而言都只是驚鴻一瞥的影像，他從來不曾對它們凝神留心細看過。

終其一生，阿龍並沒有功成名就，成為人中之龍；他最大的成就，充其量只是從未摔倒過而已。

常有人說：「沒有經歷過痛苦，哪裡知道什麼是快樂？」認為痛苦的可貴，是在彰顯快樂的美好。

但是，這句話其實並不準確，應該改成：「沒有經歷過痛苦，哪裡知道什麼叫做痛苦？」

痛苦並不是為快樂而存在，痛苦本來就是人生的一部分，就像玫瑰身上的刺一樣，這些刺並不會使玫瑰變得更美艷或醜

陋，但是如果玫瑰沒有刺，還算得上是一朵完整的玫瑰嗎？

　　我們受過傷，流過淚，經歷過痛苦，才算得上體驗過完整的人生。知道什麼叫做痛苦，證明你真真實實活過，流過眼淚之後，笑容會更加甜美，從這個角度來說，痛苦，也是一種幸福。

反擊別人不如充實自己

 你傾盡全力不是在為了證明別人是錯的,而是要證明自己是對的;要改變自己還是改變別人,應該是再清楚不過了。

日常生活中,我們常常遇到一些專門和別人作對的人,總是把別人批評得一無是處,但本身卻可能更糟糕。

如果你身強體壯,甚至可以單憑一隻手指頭就把他擊倒,但是別這樣,絕對還有更好的辦法……

惡馬自有惡人騎,你又何必硬要和那些不知天高地厚的笨蛋過不去?

笨蛋糾纏不清的功力,往往超乎你的想像,與其浪費精力反擊對方,倒不如節省時間多多充實自己,那才是對自己真正有幫助的。

成功學大師戴爾・卡內基剛開始拓展事業的階段,經常在全國各地巡迴演講,舉辦一些成人教育班和座談會。

某次的活動裡,來了一位紐約《太陽報》的記者,他後來在報導中卻毫不留情地攻擊卡內基和他所熱愛的工作。

這對年輕氣盛的卡內基來說，不只是一桶潑在頭上的冷水，簡直是一桶惡臭難當的餿水。

卡內基看了報紙，越想越火大；這些文字侮辱到他的人格、他的理想，以及他全心全意專注的事業，根本是這個記者刻意扭曲事實。

氣急敗壞之下，卡內基馬上打電話給《太陽報》執行委員會的主席，要求刊登一篇聲明，以澄清真相。

是可忍孰不可忍？卡內基當時只有一個念頭，就是一定要讓犯錯的人受到應得的懲罰。

但是，幾年之後，卡內基的事業規模越來越龐大，不禁為自己當時的幼稚行為感到慚愧。

因為，他直到這時才體認到，當時氣沖沖地發表自己的文章，想要藉此昭告天下、澄清事實，但是實際上，看那份報紙的人也許當中只有二分之一會看到那篇文章；看到那篇文章的人裡面可能有二分之一會把它當成一件微不足道的小事，而真正注意到這篇文章的人裡面，又有二分之一會在幾個禮拜之後，把這件事忘得一乾二淨。

如此一來，刊登這篇文章有什麼作用呢？

經過這層思考，卡內基的處世態度更為成熟，明白一個道理：「在你的能力範圍內，盡可能做你應該做的事，然後把你的破傘收起來，免得任意批評你的雨水順著脖子向背後流下去。」

使我們感到憤怒、懊惱、痛苦、悲傷的，往往往往沒有想

像中那麼嚴重，成功的人往往懂得控制自己的心境，適時轉換念頭，至於失敗的人，則容易困在情緒的框框裡作繭自縛。

面對別人的批評指教，你可以回敬同樣的「禮數」，這也許會使你的怨氣宣洩，但是卻不會讓你有更好的名聲，也不會讓事情往好的面向發展。因為，當你反擊對手，平反自己時，你還是同一個你，根本沒有一點進步；喜歡你的人依然喜歡你，不接受你的人還是不接受。

這就像生氣地把一塊大石頭丟進海水裡，只會有一瞬間的水花，轉眼卻又風平浪靜。

如此，那些處心積慮的小動作又有什麼意義呢？

事實上，你傾盡全力不是在為了證明別人是錯的，而是要證明自己是對的，那麼，要改變自己還是改變別人，應該是再清楚不過了。

後退，是為了擴大自己的視野

一朵花的香味如果只留給自己欣賞，別人又
怎麼會有機會喜愛這朵花？要證明自己是香
的，先決條件是要讓別人聞得到你的芬芳。

如果你只是一直盯著某個特定目標看，眼中將容不下其他
事物，也看不到通往目標的那條路。

想讓好事發生，那試著後退一點點，當你的視野更大了，
如何達到目標的方法，反而會更加清楚。

艾莉是個愛做夢的女孩子，從小，她就時常幻想在一個宏
偉高大的教堂裡，和英俊瀟灑的白馬王子結婚，從此永浴愛河、
白頭偕老。

隨著年紀的增長，離她實現夢想的日子也越來越近；漂亮
的教堂找到了，雪白的婚紗做好了，可是她朝思暮想的白馬王
子卻遲到了。

艾莉一直沒有任何追求者，眼看著和她差不多年紀的姑娘
們都先後成家，自己卻可能將變成一個沒有人要的老姑婆，她
的心情比熱鍋上的螞蟻還要著急。為此，她找到村裡一位頗有

名望的老教授幫忙。

老教授在了解她的心事之後，告訴她：「妳的心情我很了解，只是緣分未到，妳急也沒有用。不如這樣吧！我家要在下星期六舉辦個晚會，但是我妻子一個人忙不過來，如果妳願意的話，就過來幫忙她招呼客人，先練習做個主婦怎麼樣？」

艾莉答應了，老教授繼續說：「那麼明天一大早，妳先去買一套新衣服；記得不要自己挑，妳只要問問店員的意見，然後照她的建議購買。接著，去做個頭髮，一樣完全按照設計師的意見做，多聽聽專家的話總是有益的。當天晚上來我家的客人會很多，但是彼此互相認識的卻不多，妳要負責主動招呼客人，而且要代表我來歡迎他們，妳明白嗎？」

到了星期六這天，艾莉穿著大方得體的禮服，頭髮梳得高雅端莊，來到老教授的家中。

她溫和有禮，克盡職責，笑容可掬，態度親切，一心只熱忱的招待客人，完全忘掉自己的心事，像一隻翩翩起舞的蝴蝶，穿梭在客席舞池之間，吸引許多人的目光。

那個晚會之後，艾莉的名聲傳遍整個村莊，每個與會的客人都對她讚譽有加。

還不到一個禮拜，就有三個年輕人熱烈地追求艾莉，她終於從中挑選到一位自己夢寐以求的白馬王子。

俄國作家車爾尼雪夫斯基曾經這麼說：「誰要是希望好事發生，他就得自己動腦筋，自己用行動去達成，任何人都代替不了他。」

艾莉一心想要找到白馬王子，卻忽略「如何才能找到」，只活在自己的世界裡，陪伴她的當然只有自己。

但是，當她放下自己的目標，轉而將心力放在服務別人時，散發出來的氣質反而更吸引人；無心插柳柳成蔭，世事往往就是這麼奇妙。

一朵花的香味如果只留給自己欣賞，別人又怎麼會有機會喜愛這朵花？但是，當眾人皆聞得到它的香氣時，它一定能贏得大家的歡心。

同樣的道理，你要證明自己是香的，先決條件就是要讓別人聞得到你散發出的芬芳。

10.
態度決定一個人的高度

要擁有正確的工作態度並不難，

只須多動腦想一想，

要求別人少一點，要求自己多一點，

並努力把每一件事都做到最好。

存好心，能為你化解惡運

當你感慨「好心沒好報」時，不妨換個角度
來想：你的好心雖然沒有為你帶來好運，但
或許已經為你擋掉了不少惡運！

其實，我們不需要去想做了好事會不會有好報，因為如果
你是一個好人，你怎麼能忍心看著那些需要幫助的人，冷漠地
擦身而過？

當你感慨人情反覆、好心沒好報時，不妨用更寬闊的胸襟，
換個角度想想。

第二次世界大戰打得如火如荼之時，歐洲盟軍最高統帥艾
森豪將軍乘車回總部參加緊急軍事會議。

半路上，艾森豪將軍看見有一對法國老夫婦坐在路邊，凍
得渾身發抖，立即命令身旁的翻譯官下車去慰問。

一位參謀急忙提醒他說：「開會時間快到了，這種小事還
是交給當地的警方處理吧！」

然而，艾森豪將軍卻堅持說：「現在戶外的氣溫這麼低，
而且還飄著雪，要是等警方趕到，這對老夫婦可能早就凍死

了！」

原來，這對老夫婦正打算要到巴黎投奔兒子，不料半途車子拋錨了，不知該如何是好，只好坐在路邊等待救援。

艾森豪將軍了解狀況以後，立刻請他們上車，特地繞路將這對老夫婦送到他們兒子的家，才又匆匆忙忙趕回總部。

雖然對艾森豪將軍來說，那只不過是件不足掛齒的小事，但是他的善行卻得到了極大的回報，而且，回報他的人不是那對老夫婦，而是老天爺。

原來，那天德國早已安排了狙擊手埋伏在艾森豪回總部必經之路上，只要等他的車子一經過，敵軍就會展開暗殺行動。如果不是艾森豪將軍為了幫助那對老夫婦而改變了行車路線，恐怕很難逃過這一劫。

幫助需要幫助的人，是好人的義務，也是好人的天性。有時候，即使明知道幫助別人可能會惹禍上身，但是這些滿腔熱血的好人仍然會本著「寧可錯幫一百，也不願漏掉一個」的精神，慷慨地奉獻自己的力量。

不要問自己「為什麼要幫助別人」，要問自己「為什麼不幫助別人」。

當你感慨「好心沒好報」之時，不妨換個角度想想：你的好心雖然沒有為你帶來好運，但或許已經為你擋掉了不少惡運也不一定啊！

用感恩的心面對人生的每一天

當你覺得自己很不幸的時候，想想那些比你更加不幸的人，你會發現其實沒有什麼好抱怨，也沒有什麼好計較的。

如果你能把每一種機運都當成是「撿到的」，如果你能把遭遇到的煩惱都視為「禮物」，那麼，你便可以把痛苦看作是「養分」，把逆境當成「人生的一部分」，用一顆感恩的心，化解所有的不平與煩悶。

當你覺得自己很不幸，日子很難過的時候，不妨想想是否把心中的不平誇大了。

美國的魏特利博士是著名的行為學專家，經常到世界各地演講，而且總是馬不停蹄地一場接著一場。

有一次，他正準備要從一個演講場合搭飛機趕往下一個演講場合。然而，當他抵達機場的時候，飛機艙門已經關了，無論他如何哀求，航空站的人員仍然不願意網開一面讓他登機。

魏特利博士別無他法，只好心急如焚地坐在候機室裡，等待下一班飛機。

　　沒想到，大約一個小時以後，電視新聞傳來一個不幸的消息，剛才起飛的那班飛機，飛行途中因為飛機雙翼的引擎蓋脫落，飛機無法平衡導致墜海，機上乘客全數罹難。

　　魏特利博士聽到了這個消息之後，十分慶幸自己沒有搭上那班飛機。

　　從那個時候開始，他一直保留著那張過期的機票。

　　只要遇到不順心的事情，他就會將那張泛黃的機票拿出來看一看，告訴自己這條命是撿回來的。

　　每當想到這裡，他就會覺得心裡所有的不平與怨氣都一掃而空。正因為他逃過了那一劫，所以他覺得活著的每一天，都格外的珍貴。

　　日本大地震造成一萬餘人死亡後，很多台灣人都有深深的感觸：在災難層出不窮的時代，能夠活著，其實就是一種幸福。

　　的確，我們不知道自己什麼時候會死，所以活著的每一天，都是上天的恩賜，都值得我們好好珍惜。

　　沒有一種幸福會比「活著」更加幸福，也沒有任何一股力量會比「活著」更有力量。知道嗎？病床上有好多人想活卻活不成，災難中有好多人不想死卻難逃一死，所以我們應該要代替那些人，好好地活出生命的意義。

　　當你覺得自己很不幸的時候，想想那些比你更加不幸的人，你會發現其實沒有什麼好抱怨，也沒有什麼好計較的。

熱情可以創造奇蹟

付出會帶來快樂與滿足，要從中找到樂趣，
進而熱愛自己的任務，相信不僅提高工作效
率，也減輕不少疲勞。

美國名作家凱斯哈維爾（Keith Harrell）在他的著作中寫
道：「要培養正確的態度，首先必須先找出人生目標與熱情。
沒有目標與熱情，很容易就迷失了方向，深陷於困境中。」

要擁有正確的態度，其實並不困難，只要從事的是真心願
意的事，只要清楚了解自己的目標與方向，自然就會竭盡所能
全心全力地付出。

為了進行人類第一次登陸太空的壯舉，蘇聯太空總署於一
九六○年三月開始招募太空人，招募期間，一共有二十多名太
空人參加受訓，不過，他們最後挑中了加加林。

有人不禁好奇，究竟是什麼原因讓長官們選擇年輕的加加
林，而不選其他更資深更老練的太空人呢？

原因是因為，正式飛行的幾個禮拜前，受訓的太空人第一
次看見即將完工的東方號飛船，主設計師問他們誰願意試坐，

所有人都有志一同地舉手報名，然後迫不及待進入座艙內一探究竟。

其中，只有加加林進入座艙之前，特地脫下腳上的鞋子，穿著乾淨的襪子走進還沒有裝置艙門的座艙。

這一個小小的舉動令主設計師印象深刻，他看見這名二十七歲的年輕人如此小心翼翼地對待太空船，覺得他一定也會以同樣的心情去執行太空總署授予的任務，因此決定讓加加林負責這次的計劃。

加加林就靠著這個脫鞋的小動作，從此「一飛沖天」，有人說，這正是性格決定命運的最佳寫照。

加加林之所以成功，很大一部份的原因，是因為他找到了人生的目標與熱情。他真心想要成為一名優秀的太空人，所以也懂得珍惜身邊的每一個機會。

熱情會創造奇蹟，因為熱情是一種自發的力量，能夠幫助人集中所有心力，投身於正在進行的事。

付出會帶來快樂與滿足，但若要真心誠意地付出就不是件容易的事。

首先要從中找到樂趣，進而熱愛自己的任務，相信不僅提高工作效率，也減輕不少疲勞。

只要有足夠的熱情，就一定能克服所有困難。只要熱愛自己的工作，自然而然會以良好的表現完全任務。

態度決定一個人的高度

要擁有正確的工作態度並不難，只須多動腦想一想，要求別人少一點，要求自己多一點，並努力把每一件事都做到最好。

許多成功大師都強調：「態度是學歷、經驗之外，人格特質的總和。」

態度決定一切，一個人成功與否，關鍵在於他肯不肯付出、肯不肯學習、肯不肯接受鞭策。只要態度對了，那麼做事就很難出錯；只要事情不做錯，成功便指日可待。

話說小王和小李同時去應徵一個會計的職位。由於小王的學歷和相關工作經歷都比較優秀，因此對於這次機會，認為自己勝券在握。

面試的時候，公司主管分別問了幾個問題，小王都能有條不紊地作答，反倒是小李，不管多麼簡單的問題，總是回答得七零八落，聽得連旁邊的小王都忍不住替他感到汗顏了！

面試之後，主管拿出一堆帳本，要他們兩個統計一下某個項目的年度收支情況。這對小王來說簡單得不得了，三兩下就

完成了任務，而且還細心地反覆檢查好幾遍。小李的動作雖然很慢，但是一個小時之後，也把工作完成了。他倆於是拿著自己的「考試卷」去面見總經理。

結果出乎小王意料之外，他居然落選，而小李居然被選上了！怎麼會這樣呢？是不是公司搞錯了啊？

小王懷著又驚訝又慌張的心情追問面試主管。只見主管回答：「因為你沒有做月末統計，而小李不但做了，還做了季末統計。」

「可是……你叫我們做的不是年度統計嗎？」小王聽了，激動地反駁。

主管笑著說：「是啊，我只叫你們做年度統計，但是年度統計的數據應該從每月合計中得到，不是嗎？這雖然不是什麼大學問，但卻是做會計應該有的嚴謹態度，這也是我們為什麼選擇小李的原因。」

《柯斯美國商業報導》曾做過一項調查，發現五百大企業的主管中，有百分之九十四的人將他們的成功，歸因於正確積極的工作態度。

要擁有正確的工作態度並不難，只須多動腦想一想，要求別人少一點，要求自己多一點；衷心地喜歡自己的工作，並努力把每一件事都做到最好，基本上已經成功一大半！

很多時候，事情做對還不夠，還要想一想：當中有沒有什麼暗藏的錯誤？事情做完還不夠，要問自己：還有沒有可能做得更多更好？

堅持細節，才能成就完美

不要做到差不多好，而要做到非常好。不要
做到幾乎都對，而要做到完全都對，唯有堅
持細節，才能成就完美。

細節會影響品質，細節會呈現個性；細節會顯示差異，細
節也會決定成敗。

《贏在小細節》一書中曾提到：「『細節』，也就是細小
的環節或情節。因為細小，人們常常不自覺地忽視了它；也往
往因為時間、精力有限而顧不了細節；更有一些人急功近利、
好高騖遠而對細節不屑一顧。」

無論生活中還是工作中，願意把小事做細的人最終才能脫
穎而出。要成功，就必須改變心浮氣躁、淺嘗輒止的毛病，養
成一絲不苟、注重細節的作風，把大事做細，把小事做好。

有個人去拜訪雕塑家朋友，來到朋友家中，不禁覺得奇怪，
因為從上個禮拜前來拜訪到現在，雕塑家的工作室裡擺著的都
是同一個作品，他花了一整個禮拜的時間工作，作品看起來卻
一點進展也沒有，究竟他都在忙什麼？

雕塑家向他解釋道：「別看我這個作品看起來好像沒有太大的改變，我可是花了不少功夫在這個地方潤了潤色，使這兒變得更加光彩些，然後在那個地方修了一下，使面部表情更加柔和些，也使那塊肌肉顯得更強健有力；接著，我讓嘴唇的表情更豐富，身體也顯得更有力度。」

「但是你做了這麼多，一般人根本看不太出來啊，你盡改變一些瑣碎之處，外表看起來沒有多大變化啊！」

「是啊，的確是如此，」雕塑家回答道：「但是，你要知道，正是這些細小的地方，才讓整個作品趨於完美。要讓一件作品的每個小地方都完美，可不是一件小事情啊！那些成就非凡的大師之所以被人稱為大師，就是因為他們總是在細微之處用心，在細微之處使力，久而久之，累積了出神入化的功力。」

成功是由一個個小細節堆成的。那些不顯眼的地方，那些沒有人會注意到的地方，正是決定你有多少競爭力之處。

對待工作，能否充滿責任感、自始至終盡自己最大的努力，這都是事業有成者與事業失敗者的區別。因此，做任何事情，都應力求所有細節都完美無缺。

不要做到差不多好，而要做到非常好。不要做到幾乎都對，而要做到完全都對。正所謂「差之毫釐，失之千釐。」

唯有堅持細節，才能成就完美。

只要把每個微小地方都做好，統合起來，就會是巨大的力量。

小處節儉，大處賺錢

有錢人之所以擁有超乎常人的財富，往往是因為能夠做到常人做不到的事，哪怕只是雞毛蒜皮的小事。

法國作家巴爾克曾說：「對於浪費的人，金錢是圓的。可是，對於節儉的人，金錢是扁的，是可以一塊一塊堆積起來的。」

現實生活中，財富當然是衡量一個人成就和幸福指數的標準之一，但是，卻不是唯一的標準。倘若追求財富的慾望太過強烈，又不知道節儉之道，那麼，許多依靠財富而來的幸福感覺，就會像鰻魚從手中溜走。

有錢人不一定過著揮金如土的生活，更有可能的是，他們比任何人都更知道錢的價值，因此他們比任何人都更懂得善用自己的每一分錢。

一名記者在飯店裡遇到了汽車大王福特及幾名企業家一同共進午餐。

那名記者看見福特手裡拿著帳單走向服務員，然後微笑地

對服務員說：「小夥子，你看看是不是有一點誤差。」

「怎麼會呢？」服務員充滿自信地回答。

「你再仔細算算看吧。」雖然福特宴請的那幾位企業家已經朝飯店門口走去，但是福特還是很有耐心地站在櫃檯前。

服務員看見福特堅持的樣子，只好承認說：「因為收銀機的零錢準備得很少，所以我多收了您五十美分，我以為像您這麼富有的人應該不會在意。」

「剛好和你以為的相反，我非常在意。」福特義正辭嚴地說。

服務員只好低頭湊出五十美分的零錢，遞到福特手裡。

福特離去之後，服務員一臉不屑地嘀咕道：「現代人真是越有錢越小氣，連五十美分也要省！」

一旁的記者聽見這番抱怨的話，忍不住站出來為福特說話，告訴那名年輕的服務員：「小夥子，你錯了，福特先生絕對是一個慷慨的人。你知道嗎？他剛剛才向慈善機構一次捐出五千美元的善款呢！」

說著說著，記者指著報紙上的新聞，證明他所言不假。

「那麼，他為什麼還要當著那麼多朋友的面，跟我計較那區區的五十美分呢？」服務員百思不解。

記者解釋說：「那是因為，他懂得認真對待自己的每一分錢，他重視捐出去的五千美元，同樣的，他也重視辛苦工作得來的五十美分。」

俄國作家高爾基曾說：「假使一個人不在金錢裡埋葬自己，

而能理性支配金錢，這對他是榮譽，對於別人也有益處。」

雖然說福特花那麼多時間計較那麼一點點小錢，有點不符合時間成本，但從這件事情可看得出來，他對自己的生活其實控制得相當嚴謹，不允許自己浪費任何一分錢，也不允許別人隨便賺走自己的錢。

他連對金錢都如此謹慎，在工作上自然也容不得任何一點閃失，正是這樣的態度，造就了他的成功。

當我們羨慕有錢人光鮮亮麗的一面時，也應該仔細觀察他們的生活態度，因為有錢人之所以擁有超乎常人的財富，往往是因為能夠做到常人做不到的事，哪怕只是雞毛蒜皮的小事。

一個人能不能順利完成夢想，並不在於先天擁有什麼能力，而在於是否擁有下定決心執行的勇氣。

不要小看自己，有錢人做得到，你也一定可以！

學習面對自己的煩惱

 只要人活著，就不可能沒有煩惱，所以你應該要學習面對自己的煩惱，而不是逃避你本來應該扮演的角色。

一個不快樂的人，不管走到哪裡都不會快樂；一個喜歡抱怨的人，不管走到哪裡都有滿腹苦惱。

相反的，若是你讓樂觀積極成為一種習慣，那麼無論你去到哪裡，都能悠遊自在。

當你不滿意現狀的時候，必須學習面對自己的苦惱。

兔子可以說是世界上最善良的動物了，只吃青草，什麼動物都不傷害，而且還長得很可愛。

可是，牠的善良卻沒有得到相對的回報，很多動物，像是狐狸、狼、老虎等，一看到牠就想要傷害牠，這太不公平了！

有一天，兔子向上帝訴苦，告訴上帝說牠不想再做兔子了，請上帝讓牠變成其他動物吧！上帝很同情兔子的處境，立刻答應了牠的請求。

上帝問兔子：「你想變成什麼？」

兔子說：「讓我變成一隻鳥吧，這樣我就可以在天上自由地飛來飛去，不用再害怕那些狐狸、狼、老虎了。」

只是，兔子才變成鳥沒幾天，又對上帝抱怨道：「仁慈的上帝呀，我再也不想做鳥了！我在天上飛的時候，有老鷹會抓住我；在樹上棲息的時候，有毒蛇會咬死我，這樣的日子實在是太難過了！」

「那你想怎麼樣呢？」上帝說。

變成鳥的兔子想了想，回答說：「請您把我變成一條魚吧，海裡的生活好像平靜安樂多了。」

上帝依言把變成鳥的兔子又變成了魚。

只是，魚的生活並沒有如牠想像中那麼愉快，因爲「大魚吃小魚，小魚吃蝦米」是大海裡不變的定律。

變成魚的兔子忍無可忍，又要求上帝把牠變成人：「人是萬物之靈，他們可以把所有動物關進籠子裡，或者吃進肚子裡，所以我想，人一定是世界上最快樂的動物了！」

上帝大發慈悲，再次把變成魚的兔子變成了一個人。

只是，沒多久，變成人的兔子又對上帝哭著說：「仁慈的上帝啊，人類世界實在太可怕了！大夥兒勾心鬥角，人與人之間原來是會互相殘殺的，嗚……我不想再當人了！」

「那你究竟想怎麼樣呢？」上帝不耐煩地說。

變成人的兔子想了想，回答說：「嗯，我想要到另外一個世界去，請您把我變成上帝吧！」

「你別做夢了，」上帝搖了搖頭，對兔子說：「上帝只能有一個！上帝多了，也是會打架的。」

使我們感到憤怒、懊惱、痛苦、悲傷的，往往往往沒有想像中那麼嚴重，必須妥善運用智慧，使自己成為生活的主人，才不會淪為生活的奴隸。

如果你總是覺得日子難過，不妨靜下心來檢討癥結所在，也許，你會意外地發現，一切都是錯誤的心態造成的。

兔子想要當鳥，鳥卻想要當魚，魚想要當人，人卻想要成仙。

不管你扮演的是哪一種角色，都一定有好的地方，也有不好的地方。窮人有窮人的煩惱，富人也有富人的煩惱，只要人活著，就不可能沒有煩惱。

所以，你應該要學習面對自己的煩惱，動腦解決自己的苦惱，而不是逃避你本來應該扮演的角色。

當你不滿意現狀的時候，要知道，這可能已經是你所能碰到的最好狀況了！

想要讓自己活得更快樂一點，你並不一定要改變現狀，有時候，你只需要試著去接受，笑著去解決你的煩惱！

11.

看法會決定你的做法

皮爾博士在《人生的光明面》裡說：

「逆境會使人變得更加偉大，

也會使人變得十分渺小，

它從來不會讓人保持原來模樣。」

每一個逆境，都是你磨練的機會

日本作家池田大作在《青春寄語》裡寫道：
「成功絕對不是別人賜予的，而是一點一滴
在自己生命之中築造起來的。」

　　回想一下小時候，爲了學會騎腳踏車，我們不是常常摔車，
而且弄得渾身是傷，但是我們還不是把它學會了？

　　找回學騎腳踏車時的精神，把每一個逆境都視爲考驗，只
要克服了困境，你就能因爲堅強，而擁有更豐富精采的人生。

　　《百年孤寂》的作者馬奎斯，被全球權威文學評論家推選
爲世界十大作家之首時，曾說了這樣一段話：「我非常感謝文
學評論家對我的厚愛，我也非常珍惜這些榮耀，但是，我更珍
惜創作過程所受的各種打擊、挫折和失敗。至今我仍然清楚地
記得偉大的編輯家德託雷先生，要不是他毫不留情地退回了我
的第一部小說，我就不會有如今的成就……」

　　原來，馬奎斯二十二歲時，完成了第一部小說《獨裁者的
秋天》，這是一本現今各文學評論家評價非常高的作品；可在
當時，這部書稿卻屢遭退稿的命運。

有一次，當他把書稿送到阿根廷著名的洛柯達出版社後，不久便收到該社審稿的編輯，西班牙著名文學評論家德託雷寄來的退稿，其中還附了一張嚴峻批評：「此書毫無價值，甚至在藝術上也無可取之處。」

這位偉大的編輯家還給他一個相當苛薄的忠告，建議馬奎斯最好改行，從事其他工作，免得浪費生命。

受到這樣嚴厲的批評，相信一般人會因而放棄，甚至會罵德託雷太狂妄高傲了，但馬奎斯在榮獲十大作家之首時，卻是非常誠懇的讚美德託雷是個偉大的編輯。

因為，要不是德託雷的嚴厲批評，馬奎斯就不會有今天這麼偉大的成就。這次退稿，反而讓馬奎斯更積極磨練自己，因為他不服氣，儘管面對重重的挫折和失敗，仍然咬緊牙關持續創作，終於榮登世界文學的最高峰，成為世界級的大師，也得到諾貝爾文學獎殊榮。

日本作池田大作在《青春寄語》裡寫道：「成功絕對不是別人賜予的，而是一點一滴在自己生命之中築造起來的。」

每一個跌倒，都要把它當作成功之前必經的磨練。

小時候騎腳踏車跌倒，我們可以拍拍屁股繼續練習，現在遭遇失敗挫折，不也應該保有這種精神。

不一定是準備成為世界級的人物，才需要這樣的堅強，要記住，每一種困境都是你磨練的機會，越是嚴苛的考驗，越能讓你有不平凡的磨練和啟發。

你也可以戰勝生命中的暴風雨

義大利作家梅塔斯塔齊爾曾經寫道：「一棵纖弱的灌木，雖然在暴風雨中屈身地搖晃，但它最終能戰勝暴風雨。」

許多成就不凡事業的成功人士都提醒我們：災難是人試金石，困難是人生的教科書。

確實如此，不管做什麼事情，只要你勇敢面對，堅持不懈，保持積極的態度向前邁進，目標就一定會實現！

當代激勵大師安東尼‧羅賓在某次演說中談及如何面對挫折時，曾講了一個朋友在一次滑雪比賽中，體驗到一個深刻的經驗。

這位住在明尼蘇達州的朋友一時興起買了滑雪板，隨即就報名參加滑雪訓練，後來還參加一次高難度的滑雪比賽。

在這次比賽當中，開始時他滑得很順利，速度快而且俐落而漂亮，但是，就在他滑了四分之一之後，開始覺得有點力不從心。他眼睜睜地看著別人輕輕鬆鬆從身邊滑過，不一會兒工夫，一大片雪地上就只剩下他一個人，孤零零地在冰天雪地裡

中吃力地滑著，這時候他整個心裡充滿挫敗感。

他本來打算要用兩個小時滑完全程，但嚴寒的風雪刺痛了全身，體力也消耗得差不多，四肢無力的他，開始萌生放棄的念頭。

偏偏身處偏僻的深林裡，加上積雪相當寒冷，他只能把這個念頭暫時擱置，先努力滑到終點再說，於是就這樣支持了下去。

在這個過程中，他一直幻想著，期望路旁會有散發著溫暖熱氣的小木屋出現，或是希望有輛急救車突然出現，推開積雪把他帶走。當然，這些都是空想而已，但是就這樣想著、滑著，他終於硬著頭皮滑完了全程，而且時間跟預期的差不了多少。

安東尼·羅賓說，這朋友對自己的這件事總是津津樂道，而且每次都講得口沫橫飛。

因為，這件事給了他一個認識自己的機會，更給了他一個努力堅持而得到勝利的美好記憶。從此之後，他在生活中不管碰到任何艱難險阻，都不再害怕、退縮了。

義大利作家梅塔斯塔齊爾曾經寫道：「一棵纖弱的灌木，雖然在暴風雨中屈身地搖晃，但它最終能戰勝暴風雨。」

生命中的暴風雨其實並不可怕，只要你肯挺身勇敢面對它，就可以戰勝它。

只要你經歷失敗挫折時，毫不放棄、堅持不懈，當你通過了這個考驗，累積了這個艱苦的經驗，品嚐過了付出後的甜美豐收，往後任何失敗和困難，你都會覺得輕鬆簡單，不再輕易放棄。

只要堅持下去，事情一定會有轉機

法國文豪巴爾札克說：「苦難對於一個天才
是一塊墊腳石，對於能幹的人是一筆財富，
而對於庸人卻是一個萬丈深淵。」

任何苦難，都一定會有盡頭。

如果，你可以回想到最難過的曾經，那就表示那個「曾經
的苦難」已經走過去了，就像電視劇一樣，不管播了幾百集，
一定會有第一集的開始，自然也會有最後一集的大結局。

只要能堅持下去，事情就一定會有個結局，同時還會接著
播映另一個好開始。

著名的體育播報員羅納德經常鼓勵失敗的人：「只要堅持
下去，有一天情況總會好轉。」

這是因為，每當他感到失意沮喪的時候，他的母親便會適
時對他說：「如果你堅持下去，總有一天，你一定會等到好運
氣和機會降臨，而且，到時候你會知道，如果沒有經歷過失望，
你不會有這個成功的機會。」

母親的這番話，在他大學畢業後真的實現了。

當時，他希望能進到電台工作，成為一位體育播報員，於是從伊利諾州搭了便車千里迢迢前去芝加哥，親自拜訪每一家電台，但每次都碰了一鼻子灰。

在拜訪的過程中，有一家電台的廣播小姐和氣的告訴他，大電台是不會冒險僱用一名毫無經驗的新手。「去找家小電台試試，或許那裡的機會比較大。」她勸告羅納德說。

於是，他又搭便車回到了伊利諾州的迪克遜，但是仍然沒能如願，失望之情從他臉上一看就知。

「最好的機會總會到來。」這時，母親提醒他說。

於是，他再度出發，試了愛荷華州達文波特的WOC電台。

節目部主任是位很不錯的蘇格蘭人，名叫彼特‧麥克阿瑟，但他說他們剛新聘了一名播音員。

於是，羅納德便帶著非常失望和沮喪的心情離開他的辦公室，此時，他受挫的鬱悶一下子發作了起來，大聲地說：「我要是不能在電台工作，如何能當一名體育播音員呢？」

當他在等電梯時，突然聽到麥克阿瑟的叫聲：「請問，你剛才說什麼體育？你懂得橄欖球嗎？」

羅納德點了點頭。接著麥克阿瑟讓他站在一個麥克風前，要他憑想像力播報一場比賽。

於是，羅納德開始播報前年秋天，他參加的橄欖，在最後二十秒時以一個六十五碼球擊敗了對方……，隨後麥克阿瑟告訴他，他將開始播報星期六的一場比賽。

在回家的路上，他想起了母親的話：「只要你堅持下去，總有一天你會遇上好運，並且你會明白有了這些挫折和堅持，生命裡會有很多希望和機會將發生。」

　　不要因為事情不如預期而感到痛苦，只要一步一步往自己設定的目標前進，就能位自己創造奇蹟！

　　不要畏懼前面的道路有什麼艱難，多給自己多一點信心和勇氣，展開實際行動，永遠比灰心喪氣還有用。

　　法國文豪巴爾札克說：「苦難對於一個天才是一塊墊腳石，對於能幹的人是一筆財富，而對於庸人卻是一個萬丈深淵。」

　　有人在厄運和不幸面前從不屈服，也不退縮，更不動搖，會頑強地和命運抗爭到底。

　　因而，他們能在重重的困難中，衝開一條通向勝利的路，成為征服困難的英雄，同時也是一個掌握自己命運的主人。

不斷學習才能不斷獲得

> 孟德斯鳩說：「我們接受三種教育，一種來自父母，一種來自師長，一種來自社會。第三種教育與前兩種完全背道而馳。」

有人會認為，知識和學問是經由讀書獲得的，其實，更重要的學問不在學校或課本，而是經由不斷學習、研究才能獲得。

人應該像海綿一樣，不斷吸收有用的知識，彌補自己的不足。

期末考試的最後一天，一群大四學生在台階上擠成一團，他們正在討論著即將開始的考試，這是他們畢業前的最後一次測驗，每個人臉上充滿了自信。

有一些人正談論著自己已經找到的工作，另外一些人則談論著他們理想中的工作。

他們對這四年來的學習成果相當有信心，都認為自己是最優秀的人才，甚至還可以征服全世界。

考試即將開始，教授告訴他們可以帶任何想帶的書本或筆記，但不能在測驗的時候交談。

　　學生們高高興興進了教室，教授把試卷發了下來，當他們發現只有五個考題，臉上的笑容更加燦爛。

　　考試時間結束了，教授開始收卷，但學生們臉上的笑容不再，看起來完全沒有了自信，臉上寫滿了沮喪。教授看著一張張焦急的臉，問道：「五個題目都完成的請舉手！」

　　竟然沒有一個人舉手。

　　「那完成四題的請舉手？」

　　沒想到還是沒有人舉手。

　　「完成三題的請舉手！」

　　「寫完兩道題的呢？」

　　問到這裡，每個學生們焦躁不安地在座位上騷動起來。

　　「那麼一題呢？有沒有人完成了一題的？」

　　此刻，整個教室寂靜無聲，於是，教授放下了考卷，對著學生說：「沒錯，這正是我期待的結果。」

　　這時，有學生頗為不滿地發起牢騷，教授知道他們在想什麼，他帶著勉勵而感性的語氣說：「我只是要讓你們留下一個深刻的印象，讓你們知道，即使大家完成了四年的學業，但是在學校和課本之外，仍然有很多東西是你們還不知道的，這些你們不能回答的問題，其實和你們即將面對的未來生活有關。」

　　他微笑著補充：「放心好了，你們都會順利畢業，但是千萬要記住，即使你們大學畢業了，你們的教育才剛剛開始。」

　　孟德斯鳩說：「我們接受三種教育，一種來自父母，一種來自師長，一種來自社會。第三種教育與前兩種完全背道而

馳。」

畢業前，你們一定聽過這樣的勉勵：「恭禧你們大學畢業了，不過，接下來要進入的社會大學，才是你們真正學習的開始。」

從小我們接受正規的學校教育，有了知識上的學習與累積；當我們慢慢成長，接觸的層面日漸寬廣，我們也開始面對生活裡的現實。

直到進入社會，有了工作，我們的人生才正要開始，任何會遇到的難題或人際上的交流……等等，全都和學校裡遇到的不同，沒有辦法舉例援用。

也許有人幸運一點，能遇到貴人指點，但大多時候，事情都必須靠你自己加以解決，而這就是社會大學的多元性，也是你一輩子都要認真學習的必修課程。

不管你已經畢業還是即將畢業，都要說聲恭禧，你的社會大學即將正式開始。

立志當珍珠，不要當沙子

作家Ａ・芭芭耶娃在《人和命運》裡說：「不必誇耀自己擁有什麼才能，關於這一點，別人要比我們看得清楚。」

不要只會抱怨別人，也不要只知埋怨環境不公，人生的機會其實很多，但只給肯腳踏實地的人。

你還在責罵全世界的不公嗎？不如先反省自己吧！

有個年輕人在學校的課業成績很好，但是畢業後卻屢屢碰壁，一直找不到理想的工作。

他總是抱怨自己懷才不遇，對社會感到非常失望，抱怨政府無能，責怪老闆現實，對大環境既傷心又絕望。

有一天，這個年輕人懷著痛苦的心情來到海邊，打算就此結束自己的生命，當他走入海裡即將被海水淹沒的時候，一個老漁夫把他救了起來。

老人問他為什麼要走上絕路。

年輕人忿忿不平地說：「我得不到別人和社會的肯定，沒有人能欣賞我，覺得活在這樣的世間根本就沒有意義！」

這時，老漁夫從腳下撿起了一粒沙子，讓年輕人仔細的看了一會兒，然後隨手扔到地上，接著對他說：「請你把剛才扔在地上的那粒沙子撿起來吧！」

「這哪有可能！」年輕人瞪大了眼，低頭看了一下說。

老漁夫沒有回應，從口袋裡拿出一顆白皙明亮的珍珠，扔到了沙灘上，然後對年輕人說：「你能把這顆珍珠撿起來嗎？」

「當然能！」年輕人以為老漁夫是在跟他開玩笑。

這時，老漁夫認真的說：「你明白問題所在了吧？現在的你，還不是一顆光彩耀人的珍珠，當然不能期望別人馬上肯定你。想讓別人看見你，你就要想辦法讓自己成為一顆珍珠才行。」

年輕人點了點頭，若有所思的低頭不語。

作家Ａ・芭芭耶娃在《人和命運》裡說：「不必誇耀自己擁有什麼才能，關於這一點，別人要比我們看得清楚。」

任何一個人，一開始都必須知道自己只是顆普通的沙粒，而不是價值連城的珍珠，想要出人頭地，就必須先累積自己的資本才行。

想要讓自己像珍珠一樣，就得不斷提高自己的能力和價值，認真紮實地累積，當你成為一顆渾圓又光亮的珍珠，就算你身藏再深的海底，也一定有人會潛到深海將你尋找出來。

看法會決定你的做法

皮爾博士在《人生的光明面》裡說：「逆境會
使人變得更加偉大，也會使人變得十分渺小，
它從來不會讓人保持原來模樣。」

不可否認的，一些外在的因素常常會影響一個人的命運，
但是，一個人的命運主要還是掌握在自己的手中。

每個人都是自己命運的設計師，命運會變成什麼模樣，全
在於我們對生命的看法。

艾美是個聰明美麗的女孩，不幸的是，她出生之時，兩腿
就沒有骨頭，一歲的時候，她的父母做出了充滿勇氣卻備受爭
議的決定，把艾美膝蓋以下的部位截切。從此，艾美一直在父
母懷抱和輪椅中生活。

長大後，艾美裝上了義肢，憑著驚人的毅力，她不僅能跑
步，還能跳舞和溜冰，還經常到學校或傷殘人士的聚會上演講；
她也當過模特兒，常常出現在時裝雜誌的封面上。

希西也是一位知名的殘障人士，然而，和艾美不同的是，
希西並非天生就是殘疾，殘廢之前，她還曾經在英國《每日鏡

報》的「夢幻女郎」選美賽中,一舉奪后冠。

一九九〇年她到南斯拉夫旅遊時,決定僑居下來。在南斯拉夫內戰期間,她設立難民營,並用模特兒賺來的錢設立基金會,幫助因戰爭而殘障的兒童和孤兒。

不幸的是,一九九三年八月,她被一輛警車撞倒,肋骨斷裂,還失去了左腿。

但是,她沒有被這個不幸遭遇擊垮,反而更加堅強地生活,後來她還到柬埔寨、車臣等地呼籲禁雷,為殘疾人爭取權益。

也許是緣分,希西和艾美某次會見國際著名義肢專家時相識。

如今她們兩個人可說是情同姐妹,雖然肢體不全,但是她們從不覺得這是什麼人生憾事,反而覺得正是這種特殊的人生體驗,給了她們堅韌的意志和生命力。

她們現在使用著義肢,也能行動自如,只要不掀開遮蓋著膝蓋的裙子,幾乎沒有人能看出這兩位美女套著義肢。許多不知情的人常常稱讚她們:「妳的腿形長得真美,看這線條,看這腳踝,看這腳趾甲塗得多漂亮啊!」

艾美說:「我雖然從小就失去雙腿,但是,我和世界上其他的女性並沒什麼不同,我也愛打扮,也希望自己更有女人味。」

她們幾乎忘了自己的殘缺,人生在她們眼裡是那麼的美好,她們從不怨天尤人。

當代激勵大師文森・皮爾博士在他的代表作《人生的光明

面》裡說：「逆境會使人變得更加偉大，也會使人變得十分渺小，它從來不會讓人保持原來模樣。」

　　在我們的生活當中，有一半的事是好的，一半的事是不好的。如果，你希望能過得快樂，就應該把精神放在這百分之五十的美好事物上面；如果你喜歡憂傷、沮喪，或煩惱得胃腸潰瘍，那麼誰也無法阻止你，你就把精神放在那百分之五十的壞事情上吧！

危機就是超越自我的契機

作家亞布杜拉・何塞因說：「所謂的力量，並不是體力的代名詞，真正的力量是肉體與意志結合之後所激發的能量。」

生命中的任何危機都是一次挑戰，也是一次難得的機遇。

只要你不被眼前的險境嚇倒，而勇於奮力一搏，相信你就會因此而創造出超越自我的奇蹟。

法國某個野外軍用機場，曾經發生一件令人不可思議的奇蹟。

一個艷高照的午后，一位名叫桑尼的飛行員，正神情愉快地用自來水槍清洗他平日駕駛的戰鬥機。

突然，有個人用力拍了一下他的後背，桑尼回頭一看，頓時嚇得面無血色，發出一聲驚叫，因為拍他的竟然是一隻又壯又碩的大灰熊，牠正舉著兩隻大爪，站在他的背後！

這時，桑尼急中生智，迅速把手上的自來水槍轉向大灰熊，不過，也許是用力太猛，在這個緊急的時刻，自來水槍竟然從手中滑脫，而大灰熊則朝著他撲了過來。

這時，桑尼本能地閉上雙眼，使盡了全身力氣，縱身一躍，跳上了機翼，然後大聲呼喊求救。

站崗的哨兵聽見了求救聲，連忙拿了衝鋒槍跑了出來，看見了大灰熊，立即朝著牠連開了數槍，不久就將牠擊斃了。

事後，每個人都對桑尼的跳躍能力感到非常困惑，因為機翼離地面最起碼有二公尺多高，桑尼竟然能在完全沒有助跑的情況就跳了上去，簡直是一件神奇的事情。

於是，大家都開玩笑地對桑尼說，不如去當個跳高運動員，必定創造世界紀錄，為國爭光。

在大家慫恿下，桑尼再次嘗試立定跳高，但是做了好幾次試驗，他都沒能再跳上機翼。

作家亞布杜拉‧何塞因說：「所謂的力量，並不是體力的代名詞，真正的力量是肉體與意志結合之後所激發的能量。」

身處險境，遇上必須全力克服困難的時候，每個人都會本能地想辦法保護自己、拯救自己，也經常像飛行員桑尼一樣，激發令人難以置信的潛能。

就像許多心理學家一再告訴我們的，大部份的潛能都是在真正遇上困難時才會被激發。

所以，不要害怕遇上困難和挫折，因為有了它們，你才有機會發現自己的潛能，也才能知道，原來沒有什麼事是不可能的。

12.
換個角度，就能找到出路

只要換一種角度，把阻礙視為「墊腳石」，

自然可以順利超越障礙。

越早收拾好情緒，就能越早開始動身往上爬。

對自己誠實，生命才有價值

誠實，並不是為了要討別人的歡心，而是要讓你自己知道，自己是個誠實的人，值得擁有的一切美好事物。

在別人面前，要誠實；在別人背後，更要誠實。

唯有如此，你才會知道，不管是在人前還是人後，除了誠實以外，再也沒有其他的選擇。

誠實不光只是一種價值觀，更是一種自然而然的生活習慣。

波特小時候，經常去湖邊釣魚。

有次，傍晚時分，他和媽媽一起來到湖邊，享受釣魚的樂趣。

不知道過了多久，波特突然感覺到釣竿的另一頭變得沉重。他熟練地收起魚線，小心翼翼地把一條奮力掙扎的大魚拉出水面。

哇！這條魚比他從前釣過的任何一條魚都還要大！而且，還是一條相當漂亮的鱸魚呢！

波特和媽媽盯著這條漂亮的大魚，感到開心不已。

　　不過，此時，媽媽卻瞥見手錶上的時針已經超過晚上十點，過了允許釣獵鱸魚的時間了。

　　媽媽鄭重地對孩子說：「你得把牠放回去，兒子。」

　　「媽媽！」波特急得哭了。

　　「你以後還會再釣到別的魚。」母親勸他。

　　但是波特還是感到傷心不已，再也沒有這麼大的魚了。

　　他看了看四周，除了他和母親之外，沒有任何人在旁邊。沒有人看見他們，也沒有人知道這件事，但是波特卻知道，該怎麼做才是正確的。

　　波特緩緩解開大魚嘴上的魚鉤，把牠放生了。

　　剛才那一陣歡欣鼓舞的喜悅，就當做了一場美夢吧！

　　長大之後的波特，成了一位知名的建築師。

　　就像他自己預料的，他再也沒能釣到像那天晚上一樣的大魚，但是他卻一點兒也不感到後悔。在生活之中，他經常碰到許多類似那一晚的問題，但感謝母親的教導，他從來不曾因為沒有人知道，就放縱自己去做一些不該做的事情。

　　波特憑著自己的誠實、勤奮、守法，在事業上、生活中都有了出色的成績，他所得到的收穫，比起那條他曾失去的大魚，實在有過之而無不及。

　　誠實不一定能讓人釣到大魚，但是卻可以讓人活得安心自在，過得問心無愧，使生命更充滿喜悅。

　　特別在人們看不見的時候，更要告訴自己一定要誠實。因為，雖然別人看不見，但是你自己看得見。

你要活在自己的世界裡，不要活在人家的眼光裡。

誠實，並不是爲了要討別人的歡心，也不是爲了要得到別人的肯定。而是要讓你自己知道，自己是個誠實的人，值得擁有一切美好的事物。只有對自己誠實的人，才能每天都笑得坦蕩蕩。其中的快樂，也只有誠實的人才能享受得到。

利用壓力拉進成功的距離

面對壓力，才會產生動力。沒有壓力的生活，也許能風和日麗，但是有壓力的人生，才能發揮潛能，突飛猛進。

有一匹千里馬，總是跑不快。

人們不禁好奇地問牠說：「你不是千里馬嗎？為什麼跑得這麼慢呢？」

千里馬沒好氣地回答：「我又沒有在趕時間，跑得那麼快做什麼！」

千里馬因為沒有足夠的動機，因此無法發揮自己的天賦。

如果你一直感慨成功離自己很遠，那或許不是因為能力不足，你只不過是像那匹跑不快的千里馬一樣，對成功的渴望不夠。

撒哈拉沙漠中，氣候變化萬千，水源出沒不定，就算是土著中經驗最豐富的嚮導，也不敢對這一片沙漠掉以輕心。每當土著進入沙漠時，一定都會帶著常見的駱駝，以及一種生長在當地的猴子。

　　沙漠的氣候轉變時常令人措手不及，駱駝雖然以耐力著稱，但是應變能力卻不夠，儘管牠們有著卓越的天賦，卻很難在短時間內找到需要的水源。

　　這時候，土著隨身帶著的那種小猴，便能派上用場。

　　這種小猴生長在沙漠之中，一直與沙漠共存，幾乎不需要水源便能活存，但是牠們找尋水源的能力，遠遠超過已知的任何沙漠生物。

　　由於小猴子本身不需要水分，所以當土著們想要依靠小猴找尋水源時，會盡可能地強迫餵食小猴大量的食鹽，讓原本不需要水分的小猴因為體內鹽分的代謝，而對水產生迫切的需求，然後發揮牠們的本能，帶領土著們找到需要的綠洲。

　　小猴對於水分的需求，其實就像人們對於成功的渴望一樣。

　　許多人有著像小猴子一樣的天賦與才能，卻因為對水分沒有迫切的需求，所以遲遲無法發揮潛能。

　　這時候，只要試著為自己加點鹽，提高自己對成功的需求與渴望，就會發現，原來自己這麼棒！

　　要有「非成功不可」的決心，才會付出百分之兩百的努力。大多數人都是在面對壓力的情況下，才會產生動力。

　　只要這個壓力不是大到會把人壓垮，我們都應該要歡迎壓力的到來，並且適時為自己製造一點壓力。

　　沒有壓力的生活，也許能風和日麗，但是有壓力的人生，才能發揮潛能，突飛猛進。

不怕失敗經驗，是成功的基本信念

信心和努力，是超越一切的致勝法寶。只要準備好這兩樣東西，等於已經準備好要當個贏家！

很少人被真正的失敗打倒，大多數人總是被過去的失敗經驗拖累，還沒有開始，就已經害怕失敗。

畏畏縮縮、舉棋不定，當然會導致無可避免的失敗。

想要成為一個贏家，一定要對自己有足夠的信心。

紐約洋基隊無疑是台灣知名度最高的一支球隊。因為裡頭曾出了一位勝投王，是來自台灣的投手王建民。

洋基隊是美國歷史悠久、球迷平均進場最多的職棒隊伍，前總教練托瑞是洋基隊裡頭的英雄。

托瑞領導有方，自從一九九六年接掌洋基兵符，戰績超過一千勝，美國《商業週刊》曾經專訪托瑞，請他分享一下，要怎麼樣才能成為贏家？

托瑞說：「競爭在最高層次上不是談致勝，競爭的學問在於準備、勇氣、了解和培育人才、連結每一顆心。勝利只是結

果而已。」

他特別強調「準備」的重要性，要求每個洋基球員，既然身為競爭團隊的一員，不管教練要不要用你，都要做好隨時上場的準備。

他也說：「我相信不害怕失敗的人，就是一個贏家。」

所以，每當王建民輸球時，他一點兒也不擔心，只是提醒王建民要趕快準備下一場的先發。

托瑞之所以成為球場上的常勝將軍，是因為他早在贏球之前，就已經準備好了要贏。而你呢？你準備好了嗎？

如同托瑞所說，只要不害怕失敗的人，就是一個贏家。

不管這是你第一次做，還是已經做了無數次，不管你在團體中是第一名，還是總是吊車尾，只要來到了戰場上，就必須對自己有信心。

也許數據會告訴你，你過去的成績並不佳，那麼你就要相信自己，這一次一定會做得比從前還要好。

也許上一次的經驗告訴你，你不是生下來就靠這一行吃飯的。但是，既然你決定留在戰場上，就要告訴自己：「我可以！」

信心和努力，是超越一切的致勝法寶。

只要準備好這兩樣東西，就等於已經準備好要當個贏家！

事情不分大小，只看能否做好

許多看似簡單的事情，其實做起來不容易。一旦你無法順利將它完成，就是一個「連簡單的事情都做不好」的人。

人們常常都認為，對於簡單的工作，只需要付出一點點力氣就夠了。

然而，令千里馬失足的，通常不是崇山峻嶺，而是柔軟的草地中隱藏的石頭。

一件事簡單與否，不是我們自己可以判斷的，許多事情的難易程度，非要等做了，而且做完了以後才會知道。

有一位高階主管的辦公桌上，永遠擺著齊全的辦公用品，例如迴紋針、紅藍筆、膠水等，而且起碼都有兩盒以上。

都已經是高階主管了，還要準備這麼多文具做什麼？這些不都是秘書才需要的用具嗎？

原來，這名高階主管曾經經歷過一段不為人知的往事。

當年，他是國內少數留美回來的碩士，進入一家知名的電子公司工作。胸懷大志的他，一心只想趕快當上主管。

沒想到，部門主管不知道是有眼不識泰山，還是故意找他的碴，分配給他的工作幾乎都是一些瑣碎的事務，既不需要用腦，做了也等於沒做。

留美碩士的滿腔熱情，很快就冷卻下來。

一次，公司開會，部門同仁徹夜準備開會要用的資料，大夥兒分工合作，而他分配到的工作卻是裝釘和封套。

部門主管特地吩咐他說：「一定要事先做好準備，免得到時措手不及。」

他的心裡很不舒服，心想：「哼！這種小學生也會做的事，還需要做什麼準備？這分明是故意奚落我嘛！」

眼看同事們忙得焦頭爛額，他只是在一旁冷眼旁觀，慵懶地翻著報紙，什麼事情也不做。

到了開會前十分鐘，同事才急著把剛剛出爐的資料交到他手中。他開始一件件裝釘，才釘了十幾份，釘書機「喀」地一響，針用完了。

他漫不經心地打開釘書針的包裝盒，糟了，裡面是空的！打開抽屜，卻怎麼也找不到另外一盒新的釘書針。

辦公室裡的全體同仁都翻箱倒櫃地幫忙他找，不知怎麼的，平時隨處可見的小東西，現在竟連一根都找不到。

眼看開會的時間已經到了，他火速衝到外面的便利商店買一盒訂書針回來，等到他好不容易把全部的資料裝訂完成時，會議已經進行了十幾分鐘。

部門主管生氣地對他咆哮：「不是早就叫你做好準備的嗎？連這點小事也做不好，留美碩士有什麼用啊！」

他無言以對，羞愧得抬不起頭。

　　千萬不要輕忽那些看似簡單的工作，富蘭克林就曾這麼告誡世人：「小小的疏忽會造成大害，缺個釘子就掉了馬蹄，掉了馬蹄便丟失了馬匹，丟失了馬匹便喪失了騎馬的人。」

　　看似不簡單的工作，需要全力以赴，有些看似簡單的工作，更加不能不盡力。如果連簡單的工作都做不好，還有什麼資格去抱怨別人不重用你呢？

　　許多看似簡單的事情，其實做起來不容易。一旦你無法順利將它完成，就是一個「連簡單的事情都做不好」的人。

　　所以，不管面對工作的哪一個環節，都不應該輕忽大意。不管事情簡單還是困難，都應該要一視同仁，全力以赴。

　　要先努力把小事做好，才有能力去迎接其他更重要的任務。

講道理不如分析利弊

想要說服別人,光講道理是沒有用的,還要
儘量為對方的利益著想,如此才能打動人
心,達到你真正的目的。

福特汽車的創始人亨利·福特曾說:「如果成功有任何秘
訣,就是了解對方的觀點,並且培養從他的角度和你的角度看
待事情的能力。」

「試著用對方的觀點來看事情」的思考模式,不但可以大
大減低衝突,還可以為事情找到最有效的解決方式,並且為自
己贏得朋友。

卡內基常年租用紐約某家飯店大廳,舉辦一系列為期二十
天的講座。

然而,就在某一季的活動即將開始時,突然接到飯店寄給
他的通知信,信上說,如果他想要繼續使用大廳,就必須付出
比以前高三倍的租金。

這個消息對卡內基來說十分突然,這時講座的預售票都已
經銷售一空,而且宣傳活動已經展開,要是這個時候才更改活

動場地，不知道將會造成多麼嚴重的後果啊！

　　就目前的情況來說，接受飯店的要求，付出額外的租金似乎是個比較好的選擇。不過，卡內基不願意這麼輕易妥協。

　　他來到飯店經理的辦公室，對他說：「收到你的信，我有一點驚訝，不過，我並不是來責怪你的。」

　　接著，卡內基繼續說：「如果我是你，我也可能提出類似的建議。身為飯店經理，你的職責是盡可能增加飯店的收入，這點我非常了解，但是你這麼做，對飯店真的有好處嗎？」

　　飯店經理聽到這番話，露出好奇的神情。

　　卡內基解釋道：「你提高租金，讓我不得不去另外找其他便宜的場地。這樣你可以把大廳以更高的價錢租給別人，對飯店來說或許真的有好處。但是萬一大廳的場地沒有辦法順利租出去，飯店的收入反而會因此而減少。另外，來上我的課的人，當中不乏許多受過高等教育、知識水準高，又有社會地位的人，他們來到這家飯店，無疑是一種再好不過的免費宣傳，就算你花五千美元在報紙上登廣告，恐怕也沒有辦法吸引這麼多有頭有臉的人來光臨這家飯店，更別提他們之後將會向多少人介紹這家飯店，為飯店帶來多大的宣傳效益，這對飯店來說，難道不划算嗎？」

　　卡內基說完以後，便起身告辭了。

　　第二天，卡內基就收到了飯店寄給他的信，信上通知他租金只些微上漲百分之五十，而不是一開始暴漲的三倍價錢。

　　德國心理學家馬克・拉莫斯曾經提醒我們：「不管贊成或

者是反對某件事，兩種意見總是會有大量的理由。語言的藝術
就在於你如何充分地表達，但是百分之九十九的人，卻經常忽
略說話的重要性。」

最高明的談判手腕往往使得不著痕跡，卻又牽著對方的鼻
子走。

就像卡內基一樣，古往今來熟諳這種高明談判手段的人，
通常會站在對方的立場分析利弊，輕鬆地達成自己的目的。

卡內基的真正目的，其實就是希望飯店收取少一點的費用，
但是他沒有直接說出他的要求，也沒有怒氣沖沖地和飯店經理
理論「現在才說要漲價究竟合不合理」的問題，只是站在敵人
的立場，為敵人尋找最有利的策略，也順便達成了自己的目的。

以對方的利益為出發點，非但不容易遭人拒絕，而且往往
可以讓人在不知不覺的情況下，被你牽著鼻子走。

想要說服別人，光講道理是沒有用的，還要站在對方的立
場，儘量為對方的利益著想，如此才能打動人心，達到你真正
的目的。

換個角度，就能找到出路

只要換一種角度，把阻礙視為「墊腳石」，
自然可以順利超越障礙。越早收拾好情緒，
就能越早開始動身往上爬。

遇到危險的時候，害怕、憂慮、難過、憤恨……等等情緒
都是很正常的，但是你不能一直沉浸在這些情緒當中。

你越快恢復冷靜，就能越快想出辦法；越早收拾好自己的
情緒，就能越早開始動身往上爬。

有一天，某個農夫的一頭驢子，不小心掉進一口枯井裡。

農夫絞盡腦汁想要救出這頭驢子，但是幾個小時過去了，
驢子依舊還在井裡痛苦地哀嚎著。

最後，這位農夫決定放棄，他想，這頭驢子年紀大了，就
算大費周章地把牠救出來，也沒有多少時日可活了。

於是，農夫請來左鄰右舍幫忙，大家一起剷土，準備把井
中的驢子埋了，好讓牠早死早超生。

眾人各自拿著一把鏟子，把泥土剷進枯井之中。當這頭驢
子認知到自己的處境時，不禁哀嚎得更大聲了。然而，出人意

料之外的是，不一會兒以後，這頭驢子漸漸安靜下來。

農夫好奇地探頭往井底一看，眼前的景象實在太驚人了！

原來，當泥土落在驢子的背部時，驢子便把身上的泥土抖落在一旁，然後站到剷進的泥土堆上面。剷進的泥土越多，井裡的泥土堆也堆得越高，很快地，這頭驢子便隨著泥土堆慢慢升高，得意地上升到井口，然後用力一躍，跳出了井外。

換個角度，就能找到出路。驢子用牠自己的方式，為自己贏得了生命，也創造了奇蹟。

和驢子一樣，我們也難免會陷入生命的低谷，把自己困在枯井裡。這個時候，應該要慶幸，好在自己身處的是枯乾的井，而不是深不見底的水井，好在自己還活著，還能夠做些什麼。

雖然在枯井裡，我們必須忍受各式各樣的泥沙傾倒在我們身上，但是只要換一種角度，把這份阻礙視為「墊腳石」，把壓力化作助力，自然可以順利擺脫泥沙，超越障礙。

當然，這並不容易。當泥沙不斷掉落到頭上時，我們怎能不感到恐懼、害怕？我們怎麼能夠忍著不抱怨、不哭泣？

然而，要知道，你花越多時間害怕，就剩下越少時間準備，你用越多力氣哭泣，就剩下越少力氣出擊。

你不比故事中的驢子笨，也不比牠沒有價值，但是驢子在遭遇逆境時，很快就恢復平靜，努力尋找解決的方法，而你還打算要哭多久？

別再去想自己有多不幸了，不如換個角度，想一想要怎麼擺脫不幸，找到出路不是比較實際嗎？

別讓智慧成為紙上談兵

智慧是從生活中一點一滴累積而來，並且也是不斷成長的。如果滿足於現狀而不求進步，那麼這個寶庫只會慢慢地流逝。

有個巧妙的比喻是這樣說的：「書本就像降落傘，打不開也沒有用。」

知識是開啟人生旅程的鑰匙，書本則是走向智慧殿堂的道路。具備豐富的知識，可以讓觀察力更敏銳，處理事情也能更有效率；閱讀書籍則能增廣見聞，讓自己的學識更加淵博。

但是知識是死的，人是活的，如果不會思考、運用，再多的知識也只是「打不開的降落傘」。

並非所有的書籍或知識都是正確的，所謂「盡信書不如無書」，吸收學習的過程也要學會判斷，做到真正的「開卷有益」。

從前有一隻烏龜認為世界上最長壽的動物非自己莫屬，因此必須讓自己更加偉大。

牠左思右想，要怎樣做才能達成願望呢？做一件轟轟烈烈

的大事？征服世界上最高的山？還是賺很多很多的錢？

後來牠終於想到了，只有智慧才能戰勝一切，因此牠要當世界上最有智慧的動物。從那天起，烏龜開始周遊列國，到處尋找智慧，並將收集來的智慧全都裝在葫蘆裡。

牠希望能獨佔全部的智慧，這樣一來，不管是誰，不管遇上多麼小的問題，大家都必須請教牠，甚至可以收費做生意，順便賺上一大筆錢，讓自己不但聰明，還很富有。

每當烏龜又找到一個智慧時，便就將樹葉捲成的蓋子小心翼翼地打開，深怕智慧一不注意就從葫蘆裡溜出來。就這樣過了好多年，有一天，牠覺得自己已經收集完世界上所有的智慧，便決定要將這個葫蘆藏到所有人都找不到的地方去。於是牠將葫蘆抱在胸前，往海底游去，打算將葫蘆藏在海底最深處。當牠游到海底，好不容易挖出一個洞時，突然一陣激烈水流沖來，葫蘆又被帶回到水面上。

烏龜覺得藏在海底不安全，於是便帶著葫蘆回到陸地，坐在石頭上沉思。微風吹過，一片葉子落在牠身上，牠突然大叫了一聲：「就將葫蘆藏在全世界最高的山上，這樣誰也拿不到了！」

說完烏龜馬上提起精神，往山的方向走去。牠來到山腳下，看著一塊塊大岩石，就用一根繩子將葫蘆綁起來，掛在脖子上，然後開始往上爬。

當牠努力地想跨出第一步時，葫蘆卻垂到肚子前面，妨礙牠爬山，就這樣試了很多次，連一塊大石頭都爬不上去。

這時候，有一位坐在路邊休息的旅人開口了：「你為什麼不把葫蘆掛在背上呢？這樣不就好爬多了。」

原來他已經在那兒看了好一陣子，終於忍不住開口建議烏龜。烏龜一聽，才驚覺到世界上還遺留著好多的智慧，這樣辛苦地蒐集，只是白費力氣，因此牠就把葫蘆往地上一摔，智慧也碎成一小片一小片，隨著風飛向了全世界。

德國哲學家費爾巴哈說：「沒有智慧的人就會受人欺騙，被人迷惑，任人剝削。只有充滿智慧的人，才是自由和獨立的人。」

智慧是從生活中一點一滴累積而來，並且也是不斷成長的，就像有生命的植物，只要用心照顧，勤於灌溉，也會開花結果。如果滿足於現狀，而不求進步，那麼這個寶庫只會慢慢地流逝。

囤積智慧，要適度開封使用，最少要知道東西放在哪裡，否則就會像烏龜一樣，花費許多時間收集，卻不知適時應用，最終只換來一場空。當然，牠的努力並非完全白費，至少從中學到了：「智慧是無窮盡的。」

Men's Secret

有些事，男人不會當面告訴妳

男人的**真實想法**，往往和嘴巴說的不一樣

莎士比亞曾經寫道：
天哪！男人要是能夠表裡如一，他就是一個完人。

要男人敞開心扉向女人坦誠以對，是件相當困難的事，
因為，男人如果讓女人知道太多自己內心的秘密，
那麼他的誓言就會變成謊言；
如果男人讓女人知道太多自己隱藏的心思，
那麼他的忠貞就會變成背叛。

摸不清男人的心理秘密，
是女人談情說愛時最大的困擾，因為有些心裡的秘密，
男人打死也不會告訴妳。

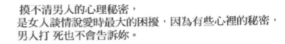

蒙丹 編著

凌雲 編著

離開他，不是妳的錯

用平常心
面對愛人的變心

When Love has Ended

情的道路上，兩情相悅、終生廝守，固然可喜可賀，萬一「造化弄人」，曾經相愛的兩個人不得不「勞燕分飛」，並不需過於沮喪和難過，既不必苦苦挽留，也不必執拗於誰愛誰比較多，更不用追究誰對誰錯。

沒有誰對誰錯，分手不一定是某個人的錯，當愛情已成往事，與其不甘、不捨、彼此折磨，不如學會放下，理智地選擇放手。

生活講義

163

活在當下，才能真正放下

作　　者　千江月
社　　長　陳維都
藝術總監　黃聖文
編輯總監　王　凌
出 版 者　普天出版社
　　　　　新北市汐止區康寧街 169 巷 25 號 6 樓
　　　　　TEL ／ (02) 26921935 (代表號)
　　　　　FAX ／ (02) 26959332
　　　　　E-mail：popular.press@msa.hinet.net
　　　　　http://www.popu.com.tw/
　　　　　郵政劃撥 19091443 陳維都帳戶
總 經 銷　旭昇圖書有限公司
　　　　　新北市中和區中山路二段 352 號 2F
　　　　　TEL ／ (02) 22451480 (代表號)
　　　　　FAX ／ (02) 22451479
　　　　　E-mail：s1686688@ms31.hinet.net
法律顧問　西華律師事務所‧黃憲男律師
電腦排版　巨新電腦排版有限公司
印製裝訂　久裕印刷事業有限公司
出 版 日　2019 (民 108) 年 10 月第 2 版
ＩＳＢＮ◉978-986-389-675-3　　條碼 9789863896753
Copyright◎2019
Printed in Taiwan ,2019 All Rights Reserved

國家圖書館出版品預行編目資料

活在當下，才能真正放下／
千江月編著. ─第 2 版. ─：新北市, 普天
民 108.10 面；公分 . - (生活講義；163)
ISBN◉978-986-389-675-3 (平裝)
CIP◉177.2

普天之下·儘是好書

普天 出版社
Popular Press